明月来相照

古诗原来可以这样学

满月篇

朱爱朝——编著

人民文学出版社

目 录

五年级 上册

五年级 下册

五年级

上册

63 内在的力量

chán

蝉

[唐] 虞世南

chuí ruí yǐn qīng lù
垂绥饮清露，

liú xiǎng chū shū tóng
流响出疏桐。

jū gāo shēng zì yuǎn
居高声自远，

fēi shì jiè qiū fēng
非是藉秋风。

蝉是常见的昆虫。闷热的夏天，在我们的耳朵边响成一片的"知了"声，就是它们发出来的。蝉的幼虫在黑暗的地里要蛰伏好几年，经过蜕变，破土而出之后的成虫，却只能活几十天。蝉的高声歌唱，主要是为了繁衍后代。

唐朝的虞世南这样写蝉："垂绥饮清露，流响出疏桐。居高声自远，非是藉秋风。" 低下触须的蝉，喝着树叶上的清露。它长鸣的声音，从高高的梧桐树上传出，那么响亮，那么悦耳。身处高处，蝉声自然传播得远，并不是依靠了秋风的传送。

"绥"，是古时候的人结在下巴下的帽带垂下来的部分。蝉的头部有下垂的像吸管一样的嘴，形状好像下垂的冠缨，所以被称为"垂绥"。在古时候，冠缨常常和声势显赫的官员联系在一起，所以，"垂绥"暗示了身份的高贵。"饮清露"，表达出蝉的生性高洁，不和世俗同流合污。

雄性的蝉腹部有一对像壳一样的鼓鸣器，当它的声肌收缩时，鼓膜震动，就会发出声音，所以蝉声能传到很远的地方。"居高声自远，非是藉秋风"，诗人用这两句诗，说出了自己的心声：一个品格高洁的人，借着自己内在品格的力量，自然能够声名远播，而不需要依靠权势或者其他外在的力量。

内在的力量，让诗人充满了自信和从容。

说说"蝉"字：振翅而鸣

| 甲骨文 | 小篆 | 楷书 | 简化字 |

　　甲骨文的"蝉"字，是一只正在振翅而鸣的蝉的样子，头、眼睛、脖子、身体、翅膀一应俱全。

乞巧
qǐ qiǎo

[唐] 林杰

七夕今宵看碧霄，
qī xī jīn xiāo kàn bì xiāo

牵牛织女渡河桥。
qiān niú zhī nǚ dù hé qiáo

家家乞巧望秋月，
jiā jiā qǐ qiǎo wàng qiū yuè

穿尽红丝几万条。
chuān jìn hóng sī jǐ wàn tiáo

《乞巧》是诗人林杰对于民间生活场景的记录。又到一年七夕，又到了牛郎织女相会的日子。抬头仰望浩瀚的夜空，寻找鹊桥的踪迹。家家户户都在过乞巧节，女孩子们对月穿针，穿过的红线有几万条。

七夕也叫"兰夜"。过去称农历七月为兰月，七夕作为兰月最为特别的一个夜晚，被称为"兰夜"。

七月七日夜，少女们都要虔诚地乞巧，所以又称"巧夕"。

各地乞巧的办法，都很有趣。七夕的上午，女孩子们会玩"乞巧针"的游戏。把一碗水在太阳下晒着，等到水面产生一层薄膜的时候，把平时缝衣服或者绣花用的针投到碗里，针就浮在水面上了。水底的针影，如果细细直直像针一样，或者有鸟兽、花朵的影子，就表示这个人是巧的。这些影子表示织女赐给了她一根巧的绣花针。如果水底针影弯曲不成形，或者粗大得像根棒槌，就表示织女给她的是一根石头棒子。

也有女孩子在七月初六准备一碗干净的水，中午的时候放到太阳下去晒，然后在屋外放一个晚上。初七清晨，折一根细草，让它浮在水上，看水下所现的影子来定巧。

还有女孩子用蜘蛛结网来乞巧。把蜘蛛放在盒子里，看它结网的样子，如果结得密，就说明"乞"到"巧"了。

看云也是一种方法，在七夕夜月亮升上天空的时候，看月亮周围是不是有彩云出现，出现彩云就为巧，没有出现就是拙。

到了七夕节的夜晚，穿着新衣的女孩子们在庭院祭拜织女，摆上瓜果，向织女星乞求智巧。女孩子们会做些小物品来表现自己手巧。"家家乞巧望秋月，穿尽红丝几万条"，女孩子们在七夕的夜晚用五色线，在月下穿九孔针或者双眼针。如果线从针孔穿过，就叫"得巧"。九孔针与双眼针比普通的针多了针孔，增加了穿针的难度。

人们不仅在七夕乞巧，也在正月、八月、九月以及十月乞巧。八九月的时候，让女孩子拿着针和线，让小男孩拿着纸与笔，对月而拜，祈祷自己能变得聪明与灵巧。

说说"看"字：把手搭在眼睛上

小篆　　　　　楷书

　　小篆的"看"字，上面为"手"，下面是"目"，把手搭在眼睛上面，用来表示注视比较远的地方。

说说"丝"字：把蚕丝扭成丝束

| 甲骨文 | 金文 | 小篆 | 楷书 | 简化字 |

很久很久以前，人们就已经懂得从蚕茧中抽丝，整理成束，来编织衣裳。相传养蚕治丝的方法，是黄帝的妻子嫘祖创造的。甲骨文的"丝"字，是两把蚕丝扭成丝束的样子。甲骨文的"丝"是三纽，到金文和小篆进行了简化，将三纽变成了两纽。

示儿

[宋] 陆游

死去元知万事空，

但悲不见九州同。

王师北定中原日，

家祭无忘告乃翁。

北宋灭亡后，南宋开国皇帝宋高宗即位，他对主张收复中原的大臣没有好感。有几个原因：一是他怕战胜金人以后迎回徽钦二帝，自己的皇位可能受到威胁。二是主战派都是武将，宋人的传统观念，都是重文轻武的，高宗害怕武将如果战胜了金人，就更加难以制服了。三是在与金人的战斗中，金人屡屡获胜，高宗有害怕金朝的心理，不敢随意挑战。这些原因，都让高宗信任主和派的秦桧等人。南宋小朝廷向金国俯首称臣，每年还要向金国进贡白银、绢等财物。但宋人不甘屈辱，反对投降。很多诗人书写了以爱国抵抗为内容的诗歌。陆游就是这一时期的代表人物。

陆游出生后不久，就发生了"靖康之变"。他的父亲被免去官职，带领全家在战乱中辗转多年才回到山阴老家。虽然退居家中，但他的父亲仍然关心着国家的命运。父亲对陆游的影响很大，使他很早就立下了报国的壮志。二十九岁的时候，陆游参加科举考试，名列第一。他在文章中力主收复中原，加上他的名次排在秦桧孙子的前面，结果被除掉了名字。直到秦桧死后，才被授予职位。他曾经跟随老将张浚北伐抗金，但部队打了败仗，张浚被免职，陆游也受到牵连被罢官。几年后，陆游被朝廷再度启用。他一直坚持抗金，反对妥协投降，却总是受到朝中投降派的压制，一腔报国志难以实现。

陆游在一首词里写道，自己戍守边塞的美梦已断，壮志难以实现，就连旧时出征的貂裘也落满了灰尘。胡人未灭，自己却已经鬓发花白，只有空流英雄泪。谁能料到，这一生心在天山，总想在前线抗击敌人，却只能在靠近水的地方隐居老去。

八十五岁的陆游即将离世时，写下《示儿》。陆游说，原本知道死去以后就什么都没有了，只是为没有能够见到国家统一而悲伤不已。军队收复中原失地的那一天，举行家祭的时候，你们不要忘了告诉我啊。《示儿》是陆游写给儿子们的诗，是他临终时的嘱托。陆游不为自己即将离开这个世界而悲伤，而是为国家不能统一深深遗憾。

说说"同"字：众口同声

甲骨文　　　金文　　　小篆　　　楷书

　　甲骨文的"同"字，上面的部分表示"汇聚"的意思，下面是"口"。远古的年代，人们在劳动的时候往往会同声呼号，来聚集力量。"同"字就是汇聚众人之口，大家异口同声，协同一致，所以"同"字有"共同""齐""统一"的意思。

题临安邸

[宋] 林升

山外青山楼外楼,
西湖歌舞几时休?
暖风熏得游人醉,
直把杭州作汴州。

你看过《清明上河图》吗？北宋的画家张择端，把都城汴京的繁荣盛景，全都画到了一长卷的画纸上了。但是，到了公元1127年，这座辉煌的都城陷落了。金兵把城里的金银珠宝洗劫一空，还将宋徽宗、宋钦宗两位皇帝以及几千位皇室人员，俘虏到了寒冷的东北。徽宗和钦宗两位皇帝，竟要屈辱地为金国的皇帝做些仆役才做的事情。

宋钦宗的弟弟康王赵构，在金人第一次围攻汴京的时候，曾经赴金营作为人质。他举止镇定，没有一点恐慌的样子。金人疑惑了，以为他是假扮的，就要求改用肃王代替他来做人质，康王赵构就有机会逃走了。

康王赵构在流亡途中，常常睡不安也吃不饱。在那一年的五月一日，他即皇帝位，为宋高宗。此后的宋朝，就是南宋。从前的宋朝，则被称为北宋。

宋高宗对主战的大臣没有好感，总是偏向主和派。金兵一打过来，就只知道逃跑。他曾经在一天之内下了十二道金牌，将已经让兀术大败的岳飞召回。宋高宗一心求和，岳飞又是反对求和最激烈的将领。最后，岳飞以"莫须有"的罪名被害。秦桧能够杀掉像岳飞这样重要的将领，当然是得到了宋高宗的允许的。金人得知他们最畏惧的宋将岳飞已死，酌酒相贺。从岳飞被害，可以看出南宋朝廷只求苟且偷安的心理。

宋高宗把国都建在临安城，临安就是现在的杭州。南宋的林升，是一个普通的文人，在临安一家旅舍的墙壁上，题写了一首诗，来表达自己的愤怒。

"山外青山楼外楼，西湖歌舞几时休？"山的外面，望过去还是青山；楼的外面，还是酒楼。西湖边上的酒楼里，日日夜夜的轻歌曼舞，吃喝谈笑，要什么时候才会停下来呢？

"暖风熏得游人醉，直把杭州作汴州。"在西湖的暖风里，游人也仿佛被熏得醉醉的，沉浸在美景、美食、美酒和歌舞的享乐当中。当权者完全把杭州当成了汴州。忘记了偏安在一个角落的悲哀；忘记了汴京陷落的屈辱；忘记了金人的虎视眈眈、步步紧逼；忘记了要渡过黄河，去收复北方的失地，只求苟延残喘，醉生梦死。

说说"舞"字：翩翩起舞

| 甲骨文 | 金文 | 小篆 | 楷书 |

　　甲骨文的"舞"字，是一个人正在翩翩起舞的样子。小篆的"舞"字，在舞动的人下面，加上了两个符号表示两只脚，强调舞蹈的时候，是需要用脚来跳动的。

己亥杂诗
jǐ hài zá shī

[清]龚自珍

九州生气恃风雷，
jiǔ zhōu shēng qì shì fēng léi

万马齐喑究可哀。
wàn mǎ qí yīn jiū kě āi

我劝天公重抖擞，
wǒ quàn tiān gōng chóng dǒu sǒu

不拘一格降人材。
bù jū yì gé jiàng rén cái

清朝末年，朝廷腐败黑暗，国家日益衰落，让人忧心忡忡。正直敢言的龚自珍辞去官职，回杭州讲学。路过镇江的时候，一个仰慕他的道士，请他代写向天神祷告的祝词。

心情沉重的龚自珍感慨万端，挥笔写下这首慷慨激昂的诗："九州生气恃风雷，万马齐喑究可哀。我劝天公重抖擞，不拘一格降人材。"

诗题为《己亥杂诗》。这首诗写于 1839 年，按照我们中国人的干支纪年法，那一年是己亥年。干支纪年是把天干中的一个字放在前面，后面配地支中的一个字，构成一对干支。十天干为甲、乙、丙、丁、戊、己、庚、辛、壬、癸，十二地支为子、丑、寅、卯、辰、巳、午、未、申、酉、戌、亥。如果天干以"甲"字开始，地支就必须按照它相应的顺序配合以"子"字，是为"甲子"。往后则为"乙丑""丙寅""丁卯"，等等，直到第六十对干支，周而复始，不断循环。

《己亥杂诗》有三百一十五首。杂诗，是说龚自珍写的这些诗，内容十分广泛。这首诗只是其中的一首。

"九州"泛指全中国。相传大禹治水的时候，把天下分为九个州。诗中的"生气"，和我们现在的意思不一样。我们现在说"生气"，是发怒的意思。诗中的"生气"，是生机勃勃的意思。

"喑"本来的意思是嗓子哑了，发不出声音。"万马齐喑"，是说所有的马都沉寂无声。龚自珍用"万马齐喑"来比喻人们都不敢发表自己的见解，气氛特别沉闷。

"九州生气恃风雷，万马齐喑究可哀。"九州大地要焕发生机，就需要依靠改革风雷的激荡。现在万马齐喑的局面，多么令人忧虑。

"我劝天公重抖擞，不拘一格降人材。"龚自珍高声呼喊："老天爷啊，你要重新抖擞精神，不要拘泥，一定要把真正能救国的人才降临下来啊。"

在那个死气沉沉的时代里，龚自珍期待狂风和春雷的冲击，来展开一个新局面。对于黑暗现实的不满，对于新人才出现的渴望，成为龚自珍诗歌的主要倾向。

说说"州"字：水中的陆地

甲骨文　　　金文　　　小篆　　　楷书

　　甲骨文的"州"字用三根弯曲的线条模拟出河流的样子，中间的小圆圈表示水中有一块陆地。所以"州"字本来的意思是"水中的陆地"。到了小篆，水中出现了三块陆地。发展到楷书时，则把表示陆地的圆圈变成了点。

shān jū qiū míng
山居秋暝

[唐] 王维

kōng shān xīn yǔ hòu　　tiān qì wǎn lái qiū
空山新雨后，天气晚来秋。

míng yuè sōng jiān zhào　　qīng quán shí shàng liú
明月松间照，清泉石上流。

zhú xuān guī huàn nǚ　　lián dòng xià yú zhōu
竹喧归浣女，莲动下渔舟。

suí yì chūn fāng xiē　　wáng sūn zì kě liú
随意春芳歇，王孙自可留。

诗仙李白、诗圣杜甫、诗佛王维，同为盛唐时代的诗人。王维与李白同年，大杜甫十一岁。他们三人的诗，风格和韵味各不相同。

苏东坡称王维的诗"诗中有画，画中有诗"。《山居秋暝》诗中的文字描绘得细致入微，又意境高远，达到了"诗中有画"的效果。山居，就是在深山中居住。秋，点明季节是秋天。暝，是黄昏的意思。

"空山新雨后，天气晚来秋。"王维曾经在《鹿柴》中写过"空山不见人，但闻人语响"。"空山"，写出了山林的静寂。一场秋雨一场寒，山雨初停，秋天的傍晚，有了些许寒意，有了秋的感觉。

"明月松间照，清泉石上流。"天色渐渐昏暗，皓月当空，松林笼罩在宁静的月光之中。山中清泉，流淌在山石上。流水的声音，在安静的夜里，清晰地传入人的耳中。

"竹喧归浣女，莲动下渔舟。"竹林里传来一片喧哗，那是女孩子们洗完衣服回来了。池塘里的荷叶一阵摇动，那是顺流而下的渔船划过来了。山林中的人，生活快乐自在。"竹喧归浣女"，先听到欢声笑语，再见到浣女归来；"莲动下渔舟"，先看到莲动，才发现渔舟。

"随意春芳歇，王孙自可留。"山林之景如此幽静，山中之人如此纯朴，王维想久居山中过这种闲适、洒脱的生活，无论小草繁茂还是枯萎，都不愿离开这片好像世外桃源的山林。

说说"秋"字：头有触须的秋虫

| 甲骨文 | 大篆 | 小篆 | 楷书 |

甲骨文的"秋"字，上面是一只头有触须的秋虫，下面是"火"，表示用火烧害虫。为了不让农作物受到蝗虫等害虫的伤害，避免虫灾发生，古代会在秋末举行焚烧害虫、祈祷丰收的仪式。大篆的"秋"字，"火"移到了左下边，左上方多了一个"禾"字，表示秋天是稻谷成熟的季节。小篆的"秋"字，"火"在左，表示秋阳似火。楷书的"秋"字，"火"移到了"禾"的右边。

说说"明"字：日月相依

甲骨文　　金文　　小篆　　楷书

　　我们的祖先认为，在天上没有任何东西比太阳和月亮更明亮，所以在甲骨文中，用"日"和"月"组成了"明"字。金文的"明"字，左边是窗格子的形状，右边的"月"字里的一点，表示月中的桂树、嫦娥等。金文用月亮照在窗户上来表示光明。到了楷书，又用"日"和"月"组成了"明"。

枫桥夜泊

[唐] 张继

月落乌啼霜满天，

江枫渔火对愁眠。

姑苏城外寒山寺，

夜半钟声到客船。

那个秋天的夜晚，诗人把船停靠在枫桥边。直到半夜，他还无法入眠。夜半时分，诗人看到了什么？听到了什么？

"月落乌啼霜满天"，月亮落下，乌鸦啼鸣，霜满天。上弦月升得早，半夜时慢慢沉落，让夜更黑更暗。如果说，月的光亮给诗人带来一些安慰的话，此时的"月落"，让诗人的心也仿佛沉入暗夜。"乌啼"，鸟儿的啼鸣，更显出夜的静寂。"霜满天"，秋天的深夜，气温下降，加上诗人在水边，更觉夜凉如水，仿佛整个天地都弥漫霜华。冷冷的夜令泊船枫桥的寂寞诗人觉得寒意袭来。

"江枫渔火对愁眠"，江边的树，此时只能看到一个模糊的轮廓，渔船上的几处灯火，在江面上闪闪烁烁，诗人怀着忧愁睡去。"江枫"是静的，"渔火"是动的；"江枫"暗，"渔火"明；"江枫"在岸边，"渔火"在江上。明明暗暗的种种景物，都进入诗人的眼帘。这是愁思满怀的诗人才会有的体验。酣然入眠的人，看不到夜半时分的月落、江枫和渔火，听不到深夜乌啼，感受不到霜满天时的寒意。

"姑苏城外寒山寺，夜半钟声到客船。"寒山寺因为唐朝诗僧寒山曾住在这里而得名，在枫桥西面大约一里的地方。姑苏城外的寒山寺，夜半敲响的钟声，声声传入客船中诗人的耳中。钟声是带领人向内走的。低沉浑厚的钟声，一声一声抚平诗人内心的纷乱，一声一声驱散愁绪，一声一声把诗人的心从狭窄的客船带到浩大的宇宙，带来最深的安慰。

说说 "火" 字：火焰的样子

甲骨文　　　金文　　　小篆　　　楷书

　　甲骨文的 "火" 字，就是火在燃烧的样子。金文的 "火"字，不仅可以看到火焰，还可以看到两点火星。

说说 "钟" 字：金属铸造的钟

| 金文 | 小篆 | 楷书 | 简化字 |

金文的"钟"字，左边的"金"说明钟是由金属铸造的，右边的"童"表音，好像是敲钟时所发出的声音。繁体的"钟"字笔画繁复，变成简体字的时候，不仅偏旁发生了变化，而且还用和"钟"同音的"中"字，代替了右边的"童"字。

观书有感

[宋] 朱熹

其一

半亩方塘一鉴开，

天光云影共徘徊。

问渠那得清如许？

为有源头活水来。

其二

昨夜江边春水生，
蒙冲巨舰一毛轻。
向来枉费推移力，
此日中流自在行。

传说朱熹刚学会说话的时候，就问父亲："天的上面是什么呀？"朱熹对学习未知的一切充满了热情，特别喜欢读书。

公元1148年，熟读经史的朱熹中了进士。四十九岁的时候，朱熹到南康军主持政务。南康军的治所，在现在的江西星子。任职期间，朱熹修复了庐山五老峰下的白鹿洞书院，并亲自为学生讲课。朱熹是一个天才的教育家和演说家，能把生涩的东西作浅显的解说。各地的读书人纷纷到白鹿洞书院来求学，书院从此声名远播。公元1193年，朱熹到潭州当知府，又重建了四大书院之一的岳麓书院，让众多学子前来求学。无论酷暑还是严寒，学子们都安守在讲坛前。

朱熹的《观书有感》两首诗，写的都是自己读书的感受。这两首诗以具体的事物，来表现抽象的理念。

"半亩方塘一鉴开，天光云影共徘徊。"半亩，大约三百多平方米。鉴，指镜子。池塘虽然只有半亩大，但是天空和云彩都在像镜子一样的池塘里移动着，变幻着。

"问渠那得清如许？为有源头活水来。"那，通"哪"，是"怎么"的意思。这方池塘为什么会这样清澈？是永不枯竭的源头，送来了源源不断的活水。

在第一首诗中，朱熹说自己的心之所以如此清澈明净，是看了很多书的收获。这些书籍，就像是源头活水，洗涤着心灵。只有保持着学习和探索的状态，才能带来无穷的创造力。

"昨夜江边春水生，蒙冲巨舰一毛轻。"蒙冲也作"艨艟"，是古代攻击性很强的战舰的名字，这里指的是大船。昨夜江边春水猛涨，巨大的战船竟然像一片羽毛一样轻盈。"向来枉费推移力，此日中流自在行。"春水未涨的时候，大船的行驶很不容易，需要许多人推拉的力气，没想到今天它竟然能在水流中自由自在地航行。

第二首诗说的是观书的功夫，讲究水到渠成。功夫深久之后，以前觉得读不通、读不懂的，现在读起来已经毫不费力了，就像巨舰在中流自在航行。

说说"亩"字：表示土地的单位量词

金文　　　小篆　　　楷书　　　简化字

　　金文的"亩"字，左边是"田"，右边是"每"。"亩"最初是"农田"的意思，后来作为量词用来表示土地的单位。

五年级

下册

四时田园杂兴（其三十一）

[宋] 范成大

昼出耘田夜绩麻，

村庄儿女各当家。

童孙未解供耕织，

也傍桑阴学种瓜。

"昼出耘田夜绩麻，村庄儿女各当家。""昼"与"夜"相对，"耘田"与"绩麻"相对。白天去田里除杂草，夜晚在家里搓麻线，村中的男女各自劳动着、忙碌着。"童孙未解供耕织，也傍桑阴学种瓜。"小孩子虽然不会耕田织布，但是他们也没闲着，正就着桑树的阴凉，学习种植瓜果。

这是初夏时节农村的忙碌景象，充满了劳动的快乐。

初夏，秧苗迅速生长，稻田里也开始长出杂草。杂草会夺走稻子的养分，因此，一发现杂草就要把它连根拔除，这样稻子才能长得又大又好。

"绩麻"，是麻布制作中的一个步骤。麻布的制作，是很烦琐很辛苦的。麻一般生长在山谷、草坡或者是树林边。首先要用刀把麻割下来，然后将麻秆上的皮剥离下来，接下来就是绩麻了。把新鲜的麻秆皮用手撕成一条一条，再卷成一缕缕，放到水里面泡，泡到麻秆皮变软为止。接下来，把一缕缕的麻条搓成一根根小麻线，放到太阳下晒干。夏天有阳光的日子多，麻线晒几天，慢慢干了。

这个时候，要给麻线上一层米浆水，让麻线变得顺滑一些。为了方便，人们会把麻线绕成球形的麻团。在织布机上，麻线被织成了麻布，就可以用来做衣服了。

除草时，看看绿油油的秧苗，看看白鹭在田间悠闲飞翔；绩麻时，想象着一家人穿上新衣时的欢喜。男耕女织的田园生活，虽然忙碌辛苦，但也充实快乐。

说说 "村"字：聚居的地方

小篆　　　　　楷书

　　小篆的"村"字，左边是"屯"，右边为"邑"。"邑"是人们聚居的村落。村庄中常常种了各种树木，所以"村"字中的"木"是用来表意的，以"寸"来表音。

72 玩冰

zhì zǐ nòng bīng
稚子弄冰

[宋] 杨万里

zhì zǐ jīn pén tuō xiǎo bīng
稚子金盆脱晓冰，

cǎi sī chuān qǔ dàng yín zhēng
彩丝穿取当银钲。

qiāo chéng yù qìng chuān lín xiǎng
敲成玉磬穿林响，

hū zuò bō li suì dì shēng
忽作玻璃碎地声。

冬天来了,屋檐上有了长长的冰凌。要怎样玩冰才过瘾呢?

拿一个铜盆,放到屋外,再把水倒进盆里。过一个晚上,看看满盆的水会怎样呢?

一清早,孩子就起床了。第一件事,当然是去看那个装了水的铜盆。呀,盆子里的水已经冻成冰啦!把铜盆里冻住的冰拿出来,圆圆的,多像银色的钲啊。用彩色的丝线穿起来,把冰块当作钲来敲击。像玉磬一样的声音,穿越树林,在林中回响。忽然,冰锣被敲碎,就像美玉被摔碎了,落了一地。

钲,是古代的一种乐器,形状像锣。磬,是一种三角形的乐器,用质地坚硬的石头或者玉雕刻而成,上面开小洞,可以悬挂在架子上。玻璃,也叫水玉,是古时候的一种天然玉石,并不是我们现在的玻璃,现在的玻璃是清朝初年才传入我国的。

杨万里在这首诗里叙述了一个孩子玩冰的故事。"脱""穿""敲"这些动作描写中满含着孩子玩冰时的快乐。敲击冰时发出玉磬般的悦耳声响，冰碎落一地时发出像美玉一样的声音，作者从听觉的角度，让我们进一步走进"稚子弄冰"的场景。

说说"磬"字：磬声悠扬

甲骨文　　　　小篆　　　　楷书

　　甲骨文的"磬"字，左下角是一只手，拿着敲磬的槌，上面三角形的部分代表"磬"，顶部是磬架上的装饰品。用槌敲磬，声音清亮动听。小篆增加了"石"字，表示"磬"是用石头制作的。

村晚 (cūn wǎn)

[宋] 雷震

草满池塘水满陂，(cǎo mǎn chí táng shuǐ mǎn bēi)

山衔落日浸寒漪。(shān xián luò rì jìn hán yī)

牧童归去横牛背，(mù tóng guī qù héng niú bèi)

短笛无腔信口吹。(duǎn dí wú qiāng xìn kǒu chuī)

雷震的《村晚》，写的是乡村傍晚时的情景。

前两句，诗人的目光落在景色上。

陂，水边、池塘边。"草满池塘水满陂"，春末，池塘边的青草已经长满，春水满池塘。诗人写草用了"满"字，写水也用了"满"字，第一句中连用两个"满"字，表现出春天的蓬勃生机。

衔，口里含着。山是没有嘴巴的，那"山衔落日"是怎么回事呢？夕阳西下，半挂在山腰，就像被山含在了嘴里。漪，水的波纹。"山衔落日浸寒漪"，山与落日的影子，倒映在带有凉意的水纹中。草的绿、水的碧、山的青、落日的红，呈现出丰富的色彩。这些色彩，因为一个"浸"字连接在一起，全部在池塘中汇集起来。

后两句，诗人把视线投向了牧童。

"牧童归去横牛背，短笛无腔信口吹。"牧童横着坐在牛背上，拿着一枝短笛，在回家的路上随意地吹着。"信口吹"，想怎么吹就怎么吹，开心又自在。

景色宁静，牧童天真，诗人把我们带入了自由、悠然的乡村生活中。

在传说中，牧童由句（gōu）芒化身而来。句芒是管理农事的木神，掌管着小草和树木的生长。句芒有着鸟的身体、人的脸，乘坐着两条龙。后来，他化身为骑牛的牧童，头上扎着双髻，手中拿着柳鞭，人们也叫他"芒童"。

说说"牧"字：挥动牧鞭来赶牛

甲骨文	金文	小篆	楷书

甲骨文的"牧"字，左边是牛头的样子，右边是一只手拿着树枝。挥动牧鞭来赶牛，这就是"放牧"的"牧"字。放牛称为"牧"，放马、放猪、放骆驼等，都可以称为"牧"。

游子吟

[唐] 孟郊

慈母手中线，

游子身上衣。

临行密密缝，

意恐迟迟归。

谁言寸草心，

报得三春晖。

孟郊曾经两次参加进士考试，都没有考中。四十六岁那一年，孟郊遵从母亲的嘱咐，第三次赶赴京城参加考试。进士考试在每年秋天举行，发榜在第二年的春天。孟郊在第三次考试中终于高中进士，狂喜之中写下"春风得意马蹄疾，一日看尽长安花"的诗句。孟郊在春风里策马疾驰，一天之间好像就看完了长安城的似锦繁花。节奏这样轻快的诗歌，在孟郊的诗中是极少的，好像昙花，匆匆一现。虽然中了进士，但是孟郊只担任过县尉等卑微的职务。怀才不遇的孟郊，到了晚年时儿子死去，又遇到母亲去世，接踵而来的变故，让他很伤感。

　　孟郊一生悲苦，生活潦倒，再加上多愁善感的个性，写诗成为他生活中的慰藉。孟郊和贾岛都以刻苦写诗著称，被称为"苦吟诗人"。孟郊喜欢用不常见的字，也喜欢用"怨""苦""悲""哭""哀""泣""寒"这些令人忧伤的字。但在《游子吟》里，既没有让人难以读懂的字，也没有凄凉的诗句，爱与温暖在诗中流动，令人动容。

"慈母手中线，游子身上衣。"慈爱的母亲用手中的针与线，为远行的儿子缝制衣裳。"临行密密缝，意恐迟迟归。"从慈母缝衣的生活场景，聚焦到母亲一针一线密密缝的特写，再写到母亲担心儿子迟迟难归的忧虑。母亲把针脚缝得密一点，再密一点，是希望衣服更加结实。母亲把牵挂和不舍，都缝进了一针一线里。

"谁言寸草心，报得三春晖。""寸草心"对"三春晖"。寸草，指小草，在这里比喻子女。心，指草茎，也比喻子女的心意。三春，是农历正月、二月、三月的合称。正月为孟春，二月为仲春，三月为季春。晖，指阳光。三春晖，比喻母亲的爱就像是春天的阳光，给子女带来温暖。母爱就像阳光，如小草般的儿女又怎能报答母爱于万一呢？

母亲的爱，是照进孟郊苦难生活的光亮。发自肺腑的《游子吟》，语言质朴自然，感情细致委婉，唱出了一首母爱的颂歌。

说说"母"字：哺乳的母亲

甲骨文	金文	小篆	楷书

甲骨文的"母"字，是一个双手交叉放在腹部前面，半跪着坐下的女子。母亲是要给孩子哺乳的，所以在女子的胸前加上了两点来表示乳房。

说说 "衣" 字：一件衣服的样子

甲骨文　　　金文　　　小篆　　　楷书

　　甲骨文的 "衣" 字，最上面像 "人" 字的部分是衣领；下面像字母 "v" 的部分是衣襟；衣领和衣襟之间向两侧开口的地方，代表的是衣袖。衣领、衣袖、衣襟合在一起，就是 "衣" 字。在金文和小篆中，衣领、衣袖和衣襟表现得更加清楚。到了楷书的 "衣" 字，已经完全看不出衣服的样子了。

75 春涧中的啼鸣

niǎo míng jiàn
鸟鸣涧

［唐］王维

rén xián guì huā luò
人闲桂花落，

yè jìng chūn shān kōng
夜静春山空。

yuè chū jīng shān niǎo
月出惊山鸟，

shí míng chūn jiàn zhōng
时鸣春涧中。

五言的小诗，因为字句太少，很难出彩。王维却常常能在短短的二十个字里，把他对于自然美的深切体会表达出来。

"飒飒秋雨中，浅浅石溜泻。跳波自相溅，白鹭惊复下。"飒飒秋雨，让溪水流得更急。急流击打在石头上溅起的水珠，跳到了白鹭身上，吓得正在溪水中觅食的白鹭飞走了。发现这只是一场虚惊之后，白鹭又飞了下来，落在原来的地方。

"独坐幽篁里，弹琴复长啸。深林人不知，明月来相照。"月下独坐，弹琴长啸，传达出王维的宁静与淡泊。

"木末芙蓉花，山中发红萼。涧户寂无人，纷纷开且落。"辛夷花的开与落，是那么美好，又那么落寞。

这些短诗，好像着墨不多的小幅山水画，表达贴切。一块石的静默，一朵花的开落，一溪水的流淌，一只鸟的啼鸣，在王维的五言诗里，都表现出生命的光彩。

王维爱静，他的诗里所表现的是静的境界。《鸟鸣涧》就是这样一首诗。

"人闲桂花落，夜静春山空。"桂花一般在秋天开放，此时山中开放的也许是春桂。桂花花瓣细小，要有一颗怎样闲适的心，才可以感受到桂花的飘落。夜，如此宁静；山，如此空寂。

"月出惊山鸟，时鸣春涧中。"万籁俱寂里，月亮升起来了，银色的光辉洒向山谷。山鸟被月光惊醒，它们的叫声在山谷中回荡。山中幽静，才能听到鸟儿的鸣叫；鸟儿的鸣叫，更衬出山的幽静。

《鸟鸣涧》静中有动，以动来衬托静。前两句诗表现的是宁静悠闲的境界，到"月出惊山鸟"，开始打破诗的宁静。二十个字中，用了两个"春"字："春山"和"春涧"，春天的山和春天山谷里的溪流。春山的绿意盎然，春水的淙淙流淌，春涧中鸟儿的啼鸣，让整首诗从宁静中升腾起生生不息的力量。

说说"出"字：走出洞穴

甲骨文　　　金文　　　小篆　　　楷书

　　甲骨文的"出"字，上面是脚趾在前，脚跟在后，向前走的脚的样子，下面是洞穴口的形状。远古的年代，我们的祖先生活在洞穴里。脚已经走到了洞穴的外面，表达的是"出"的意思。到了金文，洞穴口变成了一个坑的样子，好像是脚正从坑里面迈出来。

说说"鸣"字：鸟儿鸣叫

| 甲骨文 | 金文 | 小篆 | 楷书 | 简化字 |

　　甲骨文的"鸣"字像是一只鸟正在鸣叫。左边的"口"，既表示鸟是张口鸣叫的，也表示鸟鸣的声音。

76 铿锵誓言

从军行
cóng jūn xíng

[唐] 王昌龄

青海长云暗雪山，
qīng hǎi cháng yún àn xuě shān

孤城遥望玉门关。
gū chéng yáo wàng yù mén guān

黄沙百战穿金甲，
huáng shā bǎi zhàn chuān jīn jiǎ

不破楼兰终不还。
bú pò lóu lán zhōng bù huán

"青海长云暗雪山"，云，无边无际，弥漫在青海湖的上空。湖的北面是雪山，绵延千里。"暗"字，写出了辽远边塞的寒冷。

　　戍守边关的将士，向前看，是荒凉的边塞；向后看，是"孤城遥望玉门关"，那孤单矗立的城是通往家乡的玉门关。

　　在玉门关外，发生了多少次的战争。"黄沙百战穿金甲"，在漫漫黄沙中身经百战，将士们身上的盔甲都被磨穿了。"黄沙"，写边地环境的艰苦；"百战"，说明战争的频繁；金甲都被磨穿，可以想象战斗是多么激烈，敌人是多么凶悍，又有多少战士倒在黄沙里，再也没能起来。

　　磨穿的是金甲，磨不穿的是将士们的钢铁意志。虽然将士们每天都在想念着玉门关内的家乡，但是又怎能跑回家乡当逃兵？战场风沙凛冽，但报国之心更加坚决。"不破楼兰终不还"，是将士们的铿锵誓言。西汉时楼兰王屡次杀害汉朝使臣，与匈奴勾结，傅介子用计谋斩杀楼兰王，为汉朝立下功劳。唐朝的将士也像汉朝的傅介子一样，如果没有建立功勋就永远不会返还。在艰苦的战争中，在思念家乡的痛苦中，将士们仍然有高昂、振奋的精神状态和必胜的信心。诗句中有一股喷薄之势，让人振奋。

说说"关"字：关起门来

| 金文 | 小篆 | 楷书 | 简化字 |

金文的"关"字，上面是两扇门，下面是把门关起来的门闩。小篆和楷书的"关"字都比较复杂，后来简化成了只有六笔的"关"字。

说说"沙"字：水边的沙粒

金文　　　　小篆　　　　楷书

　　金文的"沙"字，左边是水，右边的四个点表示沙粒很多很多。到了小篆，表示沙粒的部分变成了"少"字。

秋夜将晓出篱门迎凉有感

[宋] 陆游

三万里河东入海，

五千仞岳上摩天。

遗民泪尽胡尘里，

南望王师又一年。

宋朝的诗人陆游，终其一生都渴望拿起武器，去前线杀敌。爱国的情绪奔涌在陆游的生命里，洋溢在他的所有作品中。

1138 年，南宋把都城定在临安，没有收复北方失地的想法，偏安在一个角落，只求苟且偷安。岳飞一腔豪情，却以"莫须有"的罪名被害。忠心为国的韩世忠也被解除兵权，他闭门谢客，从此不谈兵事，携着酒骑着毛驴游西湖。士大夫意气消沉，醉生梦死。

《秋夜将晓出篱门迎凉有感》共两首，写在陆游被罢免官职回到家乡之后。此时，中原地区已经沦陷在金人之手六十多年。

前一首："迢迢天汉西南落，喔喔邻鸡一再鸣。壮志病来消欲尽，出门搔首怆平生。"迢迢银河朝西南方向落下，邻家的鸡在"喔喔"啼鸣。诗人的壮志已经在疾病的折磨中慢慢消失，走出门来手搔白发，他怆然感叹着这一生。

后一首开篇就是辽阔的气象："三万里河东入海，

五千仞岳上摩天。" 三万里长的黄河，向东奔腾入海；五千仞高的华山，耸入云天。如此壮阔的空间，全都陷落在"胡尘"里。

"遗民泪尽胡尘里，南望王师又一年。"中原人在胡人的压迫里忍气吞声，泪已经流尽，但还是在一年又一年里，盼望着远在南方的朝廷军队能够北伐收复失地。年年岁岁苦苦望，岁岁年年都落空。一个"望"字里，有多少的沉痛与失望。

读着诗题，我们仿佛看到秋夜的诗人，为初秋的燥热、为疾病的折磨，更为中原失地的不能收复而难以安睡。天将亮的时候，他起床走到篱门之外，感受到一阵凉风，写下两首诗，抒发内心的忧愤与悲伤。

说说"望"字：站在高处看远方

甲骨文　　　　金文　　　　小篆　　　　楷书

　　甲骨文的"望"字，是一个人站在土墩上，向远方望去。甲骨文"望"字的最上面是一只眼睛，表示睁大眼睛看远方。金文的"望"字，睁大的眼睛里，多了个眼珠子。小篆的"望"字，左上角多了个"亡"字来表音，右上角的"月"字，说明这个站在土墩上的人，正在远望明月。

78 欢喜到癫狂

闻官军收河南河北

［唐］杜甫

剑外忽传收蓟北，

初闻涕泪满衣裳。

却看妻子愁何在，

漫卷诗书喜欲狂。

白日放歌须纵酒，

青春作伴好还乡。

即从巴峡穿巫峡，

便下襄阳向洛阳。

公元763年的正月，官军平定河北，长达八年的安史之乱，终于结束。

正在四川避难的杜甫突然听到这个好消息，欣喜若狂，写下《闻官军收河南河北》。

"剑外忽传收蓟北"，第一句诗既叙事，又点了题。"剑外"是诗人所在的地方，"蓟北"是安史叛军的老巢。漂泊多年的诗人，在剑外忽然听到官军平定叛乱的捷报，泪如雨下，洒满衣襟。"忽传"写出了消息来得太突然，诗人心中高高涌起的情感浪潮，让他"初闻涕泪满衣裳"，喜极而泣，悲喜交加。悲的是这些年来颠沛流离，备尝艰苦；喜的是叛乱平定，可以返回故乡。

平时情感很克制的杜甫，这一刻难以控制激动的心情，欢喜到癫狂。

"却看妻子愁何在，漫卷诗书喜欲狂。"这里的"妻子"和我们现在的意思不一样，"妻"指妻子，"子"指儿女。乱世之中，妻子、儿女和杜甫一起经历苦难，忍受饥饿，过着吃了上顿不知下顿的生活。所以，杜甫首先想和妻子、儿女来分享这份巨大的喜悦。他回头看看妻子和儿女，他们不再愁眉不展，忧愁已烟消云散。诗人胡乱地卷起诗书，高兴得简直要发狂，完全没有心情再读书了。

战乱平息，交通将变得顺畅，杜甫想到的第一件事情，就是马上整理行装，返回故乡。

"白日放歌须纵酒，青春作伴好还乡。"我们平时所理解的"青春"，是说美好的时光或者指人的青年时期。在这首诗里，"青春"是春天的意思。杜甫说，要尽情地歌唱，尽情地喝酒啊，在春天的花香鸟语中，与妻子和儿女们一起还乡。老年的杜甫，既要"放歌"，还要"纵酒"，进一步凸显了狂态。在春天这样美好的季节中，有亲人陪伴返回日夜思念的故乡，又如何不让诗人"喜欲狂"？

"即从巴峡穿巫峡，便下襄阳向洛阳。"巴峡、巫峡、襄阳、洛阳，既有水路，又有陆路，四个地方之间有着漫长的距离。可是，在诗人的想象中，他们一家人很快就穿过了巴峡和巫峡，然后经过襄阳走向洛阳，仿佛弹指之间，就已经回到家乡。"喜欲狂"的情绪，在诗的结尾，达到高潮。

说说"喜"字：敲起大鼓

| 甲骨文 | 金文 | 小篆 | 楷书 |

甲骨文的"喜"字，上面是大鼓的样子，下面是"口"，表示唱歌。敲起鼓来，唱起歌，喜气洋洋。"喜"字常常用来表达人的心情，有欢乐、喜悦的意思。

凉 州 词
liáng zhōu cí

[唐] 王之涣

huáng hé yuǎn shàng bái yún jiān
黄 河 远 上 白 云 间，

yí piàn gū chéng wàn rèn shān
一 片 孤 城 万 仞 山。

qiāng dí hé xū yuàn yáng liǔ
羌 笛 何 须 怨 杨 柳，

chūn fēng bú dù yù mén guān
春 风 不 度 玉 门 关。

黄河，是我们中国人的母亲河。它呈"几"字形，自西向东分别流经青海、四川、甘肃、宁夏、内蒙古、山西、陕西、河南、山东，最后流入渤海。守护边疆的城堡，在远远望去仿佛飞入云端的黄河前，越发显得弱小。一仞，相当于现在的两米多高。万仞，突出了山的高，也更加衬出城的"孤"。在远接天山的贺兰山脉前，戍边城堡更显得孤零零的。在黄河和高山的反衬下，"一片孤城"给人单薄、飘荡的感觉。千里无人烟的沙漠，让戍边将士的目光怎么望，也望不到家乡。一个"孤"字里，有多少叹息。

孤独和寂寞里，传来了什么声音？

那么悠扬而又那么苍凉的声音，在大风里颤抖，在黄沙中颤抖。那么悠扬而又那么苍凉的声音，吹醒了乡思，吹醒了离情，却吹不醒春天，吹不醒杨柳。

漫漫黄沙，漠漠孤城，原本以为乡思已结茧。羌笛奏出的《折杨柳》的曲调，将戍边将士的心缠绕。羌笛，是边塞常见的一种乐器。羌笛声声里，将士们会不会忽然想起故乡新生的柳芽，飘飞的柳絮；想起长安城外，灞桥边的折柳而别？

羌笛声声里，诗歌由前两句的壮阔转入后两句的深情。

"羌笛何须怨杨柳，春风不度玉门关。"古代有在离别的时候，折下柳枝送别的习俗。"柳"与"留"读音相近，表示挽留、依依不舍的意思。折下柳枝赠别，也是祝愿远行的人能像柳一样有顽强的生命力，随地可活，随处皆安。因此，杨柳常常引发人们离别的忧愁，《折杨柳》的笛声也往往会触动戍边将士对家乡和亲人的思念。边地偏僻荒凉，春风不度，杨柳不青。玉门关的杨柳，与孤城中的将士一样，同苦春寒。以羌笛寄托忧愁的人，又何必错怪杨柳、怨春光迟迟呢？

说说"黄"字：兽皮、病人还是着火的箭？

| 甲骨文 | 金文 | 小篆 | 楷书 |

对于甲骨文的"黄"字，有好几种说法。有人说，这个字像是一张摊开来进行晾晒的兽皮。有人说，这是一个正面站立的人，腹部肿胀得像个圆球。这是一个肚子里生了寄生虫、肤黄如蜡的病人。还有人说，这个字像箭头着了火的箭，由火光联想到"黄、黄色"的意思。

说说"片"字:"木"字的一半

甲骨文　　　　小篆　　　　楷书

　　古时候的"版筑",是指在两块木板之间填上泥土,夯实起来建造城墙的技术。"片"是一侧的木板,所以在造字的时候,就把"木"字从中间劈开,一边是"爿"形,另一边是"片"形。不管是正写还是反写,在古文里,这两个字都是同一个字——"片"。当然,到了今天,这是两个字,一个是"爿(pán)",一个是"片(piàn)"。

黄鹤楼送孟浩然之广陵

[唐] 李白

故人西辞黄鹤楼，

烟花三月下扬州。

孤帆远影碧空尽，

唯见长江天际流。

开元十八年三月，李白约孟浩然在江夏相会。几天后，孟浩然乘船东下扬州，李白在江边送别孟浩然。

"故人西辞黄鹤楼，烟花三月下扬州。"黄鹤楼在现在的武汉，孟浩然要去的地方是扬州。黄鹤楼在扬州西面，因此诗中用了"西辞"。之所以说"下扬州"，是因为武汉在长江上游，扬州处于中下游。

扬州满城种满杨柳，农历三月，漫天飞舞的杨花柳絮就像烟雾一样。"烟花"也写出了春天繁花似锦的美好。阳春三月，孟浩然在黄鹤楼与李白辞别，自西向东顺着长江而下，前往扬州。

"孤帆远影碧空尽，唯见长江天际流。"李白送孟浩然登上帆船，凝望着船只渐渐远去，最后消失在碧空尽头，只看见长江向天边流去。

诗的第一句写辞别的地方，第二句写出发的季节和目的地。仙人一去不返的黄鹤楼，也是故人辞别的伤心地。繁华的扬州，更衬出送别者的落寞。第三句，孤帆一片，渐行渐远，消失在天的尽头。第四句，浩荡的长江水流向天边。空间渐渐宽阔，直至扩大到无穷。视觉的浩大与无限，更觉消逝的怅然与忧伤。

一个总是处在流浪中的生命，已经习惯面对分离；一个是不羁的灵魂，"举杯邀明月"，对影亦可成三人。

"萧萧班马鸣"里，"挥手自兹去"，挥一挥手告别友人而去。

与校书郎李云的告别也比较豁达，"长风万里送秋雁，对此可以酣高楼"，万里长风吹送南归的雁，此时正可以登上高楼开怀畅饮。

"桃花潭水深千尺，不及汪伦送我情。"桃花潭水纵然有千尺深，也比不上汪伦送别我的情谊深哪。踏歌声里，李白与汪伦告别。

李白在《赠孟浩然》里写道："吾爱孟夫子。"对于孟浩然，李白是如此欣赏。只有在送别孟浩然的时候，李白才有这样的深情与惆怅。他一直看着孟浩然乘坐的船只远去，哪怕已经消失在天的尽头，仍然依依不舍，不忍离去。

李白看"孤帆远影碧空尽"，帆影尽而牵挂之心难尽。在"唯见长江天际流"的"见"字里，我们仿佛看到了李白空寂的眼和心。

依依不舍的惆怅远望，让视觉上的空成为心灵中的空。

说说"下"字：天空之下或者地面之下

甲骨文　　　　金文　　　　小篆　　　　楷书

　　甲骨文的"下"字，上面的弧线表示天空或者地面，下面的短横线表示在天空之下或者地面之下。到了小篆，上面的线条变成了一横，下面的线条变成了一竖。楷书的"下"字，又在竖线的旁边加上了一点。

说说"见"字：平视前方

甲骨文	金文	小篆	楷书	简化字

  甲骨文的"见"字是一个脸朝向左边跪坐着的人，横着的大眼睛告诉我们，这个人正平视前方。金文的"见"字，是一个半站立的人，眼睛里面多了表示眼珠的一点。小篆的"见"字，眼睛从横着变成竖着的了，人也变成了垂下手来站立的姿势。

四月农事忙

乡村四月

[宋] 翁卷

绿遍山原白满川，

子规声里雨如烟。

乡村四月闲人少，

才了蚕桑又插田。

四月的乡村，花已落尽，绿叶满枝。风吹过来，满坡的小草和田间绿绿的秧苗都舞动起来。河水静静流过绿色的原野，奔向远方。纵横交错的沟渠让农田的灌溉更加方便，放满了水的农田变成了白茫茫的一片。

"布谷——布谷——"，子规声声啼叫，不知疲倦。如烟的细雨轻轻飘洒，绿的树、绿的草、绿色的禾苗，都笼罩在轻纱般的蒙蒙烟雨中。

乡村的四月，很少有闲着的人，人人都在忙，忙着采桑，忙着养蚕，忙着去插田。

诗的前两句写景，"遍"和"满"写出了草木的繁茂和雨水的充足；后两句写农事的繁忙，养蚕、采桑和插田，是关系到衣和食的大事。

古时候的人把蚕看作"天物"。为了祈求养蚕能有个好收成，人们会在四月举行祈蚕节。小满相传是蚕神诞生的日子，养蚕人家会到"蚕娘庙""蚕神庙"去，给"蚕娘""蚕神"供上酒、水果和菜肴，祈求蚕宝宝能长大成熟，结茧成蛹。江南以四月为蚕月，家家关门闭户，亲邻都不可随便进入，因为此时蚕已大眠，正要制茧，最怕受到影响。如果受到打扰，蚕丝就不能畅吐，蚕也有可能死亡。

养蚕不容易，插秧也很辛苦。

插秧前，需要选出饱满的稻谷种子，浸泡在水中，等待种子发出根芽，才可以播撒在秧田中，让它生长。秧苗长到六七厘米高的时候，插入田中。田地要充分翻松，把水引入田里，再反复翻搅成细匀平整的软泥。接下来在水田中做好记号。插田时，赤脚站在田里，用手抓起几根秧苗，弯下腰来，插入做好记号的地方。插一块田，需要很长的时间，常常泥水满身、腰酸背痛。

说说"蚕"字：蚕儿吐丝

| 甲骨文 | 小篆 | 楷书 | 简化字 |

　　三千多年前，已经有了养蚕业。养蚕业和农业一样，都是重要的产业，用蚕丝制作的丝绸作为特产出口到各国。西汉时以首都长安为起点，经过甘肃、新疆，到中亚、西亚，再到达地中海沿岸国家，这条路线被称为"丝绸之路"。甲骨文的"蚕"字，是一条蚕的样子。

六年级

上册

宿建德江

[唐] 孟浩然

移舟泊烟渚，
日暮客愁新。
野旷天低树，
江清月近人。

孟浩然刻苦用功，渴望建功立业。四十岁时，孟浩然赴京城参加科举考试。他本来以为自己能够考中，可是偏偏落榜了。当时李林甫当权，妒贤忌才，加上没有人推荐和赏识，孟浩然只能无奈离开京城，回到家乡，隐居在鹿门山。怀有满腹才华却无人赏识，有远大志向却难以伸展，孟浩然自然充满了惆怅。后来张九龄镇守荆州，孟浩然写下《望洞庭湖赠张丞相》。孟浩然说他没有人引荐，就像要渡过洞庭湖却没有船一样。在这个盛世，他不想闲在家里，想出来做一番事业。孟浩然希望张九龄能赏识他，让他的才华有施展的地方。可是那个时候，张九龄已经为李林甫排挤，无法帮助孟浩然了。

　　《宿建德江》是孟浩然在漂泊途中写的一首诗。把船停靠在江中一个水烟蒙蒙的小洲边，太阳落山了，漂泊在外的忧愁在暮色中弥漫。辽阔的原野上，放眼望去，天空好像比树还要低。天上的弯月，映在水中，月影随波摇荡，和舟中的人是那么近。

　　这首诗读来并不觉得沉痛忧伤，因为"野旷天低树，江清月近人"：空旷的原野，无边的云天绿树，一江清水，闪耀着清亮的月光，与寂寞的旅人相亲相近，带来了最深的安慰。

说说"日"字：圆圆的太阳

甲骨文　　　金文　　　小篆　　　楷书

　　甲骨文的"日"字，就是太阳的样子。进入青铜时代以后，在金文里，"日"发展成了椭圆形中加一短横。到了秦代，为了适应当时的"书同文"和把字形统一为竖长方形的需要，小篆把"日"变成竖长方形，字的形体便定型了。

说说 "天" 字：人的头顶

甲骨文　　　金文　　　小篆　　　楷书

　　甲骨文的"天"字，是一个手脚伸开站立着的人，特别强调了人的头部。头在人身体的最上面，借此比喻上面的天空，就是"天"字。金文就更像是一个人了。到了小篆，圆圆的人头变成了一条横线。

六月二十七日望湖楼醉书

[宋] 苏轼

黑云翻墨未遮山，

白雨跳珠乱入船。

卷地风来忽吹散，

望湖楼下水如天。

苏轼八岁时，曾跟随道士张易简学道三年。十岁时，父亲游学四方，教导他读书的是母亲。母亲带他读《后汉书·范滂传》，范滂是一个廉洁、公正的官，但受到别人的陷害而受刑。苏轼对母亲说："如果将来我做范滂的话，您赞成吗？"他的母亲说："如果你将来能做范滂，我就能做范滂的母亲。"母亲总是勉励他以气节自重。苏轼和他的父亲苏洵、弟弟苏辙都是有名的文学家，世称"三苏"。

苏轼二十一岁那年进京考试，他以一篇《刑赏忠厚之至论》而出名。主考官欧阳修发现试卷中的这篇文章有自己独特的见解，又有很高的才华，当时他以为是自己的学生曾巩所写，为了避嫌疑，就定为第二名。直到发榜之后，他才知道这篇文章是从眉山来的苏轼所写。苏轼考取进士后，去拜见欧阳修。欧阳修非常喜欢这个气度不凡的青年。欧阳修写信给梅尧臣说，我应该赶紧退避，让他出人头地。欧阳修对苏轼的赏识和提携，让他特别感激。欧阳修去世后，苏轼写了一篇祭文。文中写道，他在欧阳修逝世之前，有十六年受到欧阳修的教导。到苏轼五十六岁的时候，他又写了一篇祭文，表达他对欧阳修的崇敬和怀念。

《六月二十七日望湖楼醉书》是苏轼被贬谪到杭州任通判的时候所写，这组诗一共有五首。望湖楼位于杭州西湖的北岸。诗的题目表明了写诗的时间、地点。"醉书"说明这首诗是在喝醉了酒的情况下写的。

"黑云翻墨未遮山，白雨跳珠乱入船。"翻墨，即打翻了的黑色墨水。黑色的云团像墨汁被打翻，在山间翻涌。暴雨下起来了，大雨激起的水花不断溅入船中。

"卷地风来忽吹散，望湖楼下水如天。"忽然间，卷地而来的狂风把暴雨吹散。已经到了望湖楼上的苏轼，俯瞰楼下的西湖如同明镜，倒映着宁静的天。

苏轼常常能在逆境之中，解脱他的苦闷，安定他的情绪。因为再狂暴的雨，也会被风吹散。雨过天晴后，"望湖楼下水如天"。

说说 "黑" 字：把烟囱熏黑

金文　　　　　小篆　　　　楷书

　　金文的 "黑" 字，上面是烟囱口，烟囱口里面的小点表示黑色的灰。下面是相叠的两个 "火" 字，也就是 "炎" 字。大火烧起来，把烟囱给熏黑了。小篆由金文变化而来。到了楷书，把 "炎" 字上面的 "火" 字，变成了和烟囱相连的 "土" 字，把 "炎" 字下面的 "火" 字，变成了四个点。这样看起来更加美观，书写起来也更方便。

说说"未"字：枝叶茂盛的树

| 甲骨文 | 金文 | 小篆 | 楷书 |

　　"未"字的样子，就像一株枝叶茂盛的树。后来借用这个字来表达"没有""不曾"的意思，也作为十二时辰之一。十二时辰是子、丑、寅、卯、辰、巳、午、未、申、酉、戌、亥。未时，是每天的十三时到十五时。

过故人庄

[唐] 孟浩然

故人具鸡黍，
邀我至田家。
绿树村边合，
青山郭外斜。
开轩面场圃，
把酒话桑麻。
待到重阳日，
还来就菊花。

"故人具鸡黍，邀我至田家。"黍，黄米。朋友准备好了丰盛的饭菜，邀孟浩然到他家来做客。用最具有农家风味的饭菜来迎接孟浩然，是朋友最深厚的情谊。

"绿树村边合，青山郭外斜。"郭，指的是村庄的外墙。古代城墙分为两层，里面为城，外面是郭。村庄绿树环抱，郭外青山连绵。这两句诗写出了"故人庄"的样子，绿树与青山，让人心旷神怡。

"开轩面场圃，把酒话桑麻。"轩，是窗户。开轩，即打开窗户。场，指的是打谷场。圃，是菜园。桑麻，桑树和麻，诗中泛指庄稼。话桑麻，说说和庄稼有关的事。孟浩然和朋友在屋内饮酒，闲聊着农家琐事，推开窗户，就可以看到打谷场和菜园。从上两句诗的绿树、青山，到这两句诗中的村舍、打谷场、菜圃，呈现的是宁静敞亮的田园景象。再加上好友相聚的欢愉，把酒畅聊的喜悦，田园生活的美好让人忘却了忧愁与烦恼。

"待到重阳日，还来就菊花。"临走的时候，孟浩然和朋友约定，等到重阳节到来的时候，再到这里来一起观赏菊花。恬静的村庄，真挚的友情，才有了重阳的再次相约。孟浩然真实坦诚地表达重阳日再来的心愿，也表现出他与朋友相处的融洽。

这首诗押韵的字是"家""斜""麻""花"，"斜"在古时候读"xiá"。这几个字都含有韵母"a"，押的是"麻"韵。当我们发出"a"的声音时，会感觉特别舒畅。开口度很大的"麻"韵，表现了孟浩然与故人相聚的快乐，绿树、青山、场圃给孟浩然带来的满心愉悦和"把酒话桑麻"的舒心自在。

全诗不见雕琢的痕迹，将农村景物自然写出，故人的殷殷情意，跃然纸上。"待到重阳日，还来就菊花"，依依不舍的深情，更在诗句之外。

说说 "黍" 字：成熟的黄小米

甲骨文　　金文　　小篆　　楷书

甲骨文的"黍"字，是一株成熟的黄小米，四个小点代表的是黍粒。金文的"黍"字，左边是黍粒，右边是"禾"，说明黄小米是禾谷一类的食物。小篆的"黍"字把黍粒移到了"禾"的下面。

说说"家"字：屋内有头猪

甲骨文　　　金文　　　小篆　　　楷书

　　甲骨文和金文的"家"字都是房屋与猪组合的形状。屋内养猪，是"家"的标志。小篆是屋内有"豕"，"豕"就是猪。楷书由小篆发展而来。

85 春来天地间

chūn rì
春日

[宋]朱熹

shèng rì xún fāng sì shuǐ bīn
胜日寻芳泗水滨，

wú biān guāng jǐng yì shí xīn
无边光景一时新。

děng xián shí dé dōng fēng miàn
等闲识得东风面，

wàn zǐ qiān hóng zǒng shì chūn
万紫千红总是春。

庐山五老峰下的白鹿洞书院、岳麓山脚下的岳麓书院，都曾留下过朱熹讲学的身影。朱熹认为信古人、读古书，是"推究天下万事万物究竟"的入手方法，因为一切都已经包含在圣贤的书里了。朱熹认为一切道理都藏在圣贤的书里，其实是需要重新审视的。

朱熹的《春日》，表达的是读书悟道的感受。

"胜日寻芳泗水滨"，风和日丽的日子里，在泗水边游览。胜日，美好的日子。泗水，河名，在山东省。宋和金以淮水为界，南宋朝廷偏安于东南。所以，朱熹是不可能渡过淮水，北上到达泗水边游春的。这句诗，说的是朱熹对于春秋时期孔子在洙、泗之间传道讲学的向往。

"无边光景一时新"，无边无际的风光，让人耳目一新。朱熹觉得读孔子的书，会让人有悟道之后的豁然开朗，焕然一新。

"等闲识得东风面，万紫千红总是春。"等闲，寻常、随意。东风，即春风。东风的面容，春天的气息，都在盛开的万紫千红的花朵当中。圣人之道，仿佛是点化万物、催发万物生机的东风，让世界如此美丽多彩。

诗的最后两句，显示了天地运转，造化无私，春来天地间的大气概。

说说"春"字：阳光照耀大地

甲骨文　　　金文　　　小篆　　　楷书

　　甲骨文的"春"字，上面、下面都是草，中间是红红的太阳。阳光照耀着大地，小草使劲地长啊、长啊，它要冒出来告诉大家：春天来了，春天来了。到了金文和小篆，"草"和"日"的位置发生了变化。"春"的本义是春天的阳光照耀大地，让万物欣欣向荣，后来才作为季节的名称。

huí xiāng ǒu shū
回乡偶书

［唐］贺知章

shào xiǎo lí jiā lǎo dà huí
少 小 离 家 老 大 回，

xiāng yīn wú gǎi bìn máo shuāi
乡 音 无 改 鬓 毛 衰。

ér tóng xiāng jiàn bù xiāng shí
儿 童 相 见 不 相 识，

xiào wèn kè cóng hé chù lái
笑 问 客 从 何 处 来。

诗题中的"回乡"表明这首诗是贺知章辞官回到家乡时所写的。偶书,随时写下自己的所见与所感。

"少小离家老大回"的诗人,已经老了。老大,是年纪大了的意思。贺知章年少时离开家乡,到回乡的时候,已经有八十多岁了。

"少小离家",心是朝着高处的,眼是望向远方的,脚是大踏步向前的。少年离开家的时候,像鼓满风帆的船,急着驶出故乡的港口。从"少小离家"到"老大回",中间是长长的生命旅途。

"乡音无改鬓毛衰",虽然离开家乡几十年,但是诗人的口音并没有改变,只是鬓发已经变得稀疏。

熟悉的乡音,在呼唤着什么?有什么在潜意识里渐渐苏醒,从心的深处如烟般升腾?是春风花草香中的浪漫出游,还是青草池塘处处蛙里的闲敲棋子?又或者是风声雨声里的读书作诗?"无改"的"乡音"里,封存着多少记忆。

乡音无改,但鬓毛已衰,每一根白发里,都藏着辛酸感慨。"乡音无改"与"鬓毛衰"的巨大反差，让人心里有空空的痛，岁月无法倒流的痛。

"儿童相见不相识，笑问客从何处来。"孩子们都不认识诗人，笑着问他，客人是从哪儿来的呀。几十年后，变化巨大，儿童不认识诗人，自是当然。一个"客"字，让寻求故乡温情怀抱的游子，惊觉时光飞逝。溪头卧剥莲蓬的童年已远去，诗酒酣畅的岁月已不再。在故乡初升的阳光里，意气风发奔赴前程的那个少年，已经老了。在红了樱桃绿了芭蕉的庭院里，可有一个安放身体与心灵的地方？

说说"小"字：几个小点

甲骨文　　　金文　　　小篆　　　楷书

　　"小"字在甲骨文和金文里都是三个小点，表示"细小"的意思。到了小篆，把中间的点变成了竖，左右两边的点变成了弯曲的弧线。

说说"乡"字：生在此，食在此

| 甲骨文 | 金文 | 小篆 | 楷书 | 简化字 |

在甲骨文和金文的"乡"字里，两个人相对而坐，中间放着盛食物的"豆"。到了小篆，把两边的人变成了"邑"字。"邑"，是"地方"的意思。两个"邑"字的中间还是食器"豆"。生在这个地方，食在这个地方，这就是"家乡"的"乡"字。

87 顺着黄河上天去

浪淘沙 （其一）

[唐] 刘禹锡

九曲黄河万里沙，

浪淘风簸自天涯。

如今直上银河去，

同到牵牛织女家。

119

刘禹锡将民歌和当时流行的曲调相结合，创作出《浪淘沙》，用来唱和。《浪淘沙》共九首，这是其中的一首。

"九曲黄河万里沙，浪淘风簸自天涯。"九曲回环的黄河，激荡着万里黄沙，滚滚浪涛如同来自天涯。一、二句诗，写出了万里黄河的气势和蜿蜒曲折。黄河从发源地流出时，水流是很清澈的。在它奔流的过程中，携带了大量的泥沙，河水渐渐变成黄色。在黄河里舀起一碗水来，大半碗会是泥沙。古代的"河"字，专指黄河，一个"河"字，就只给黄河一条河用。古代的"江"字，专指长江。其他的河，都叫"水"，比如渭水、洛水。

"如今直上银河去，同到牵牛织女家。"如今顺着黄河直上银河去，一同去牵牛织女家。传说银河与海相通，从前有人做了大大的浮槎，上面还建了房子。浮槎，是用竹木编成的筏子，可以渡水。那人乘了浮槎从海上出发，航行了十来天，竟然到了天上。天上的城郭房舍，壮丽非凡，他看见织女在宫中织布，牛郎在天河边放牛。依托传说，诗人在第三、四句中大胆想象，顺着黄河上天去，来到了牵牛和织女的家。

此时的诗人，正在贬谪的路途中。刘禹锡被贬官到夔州，从长安出发，一路乘船，逆黄河而上。他以明快的《浪淘沙》，以"直上银河去"，表达出豁达与豪放的情感。

说说"河"字：曲曲折折向东流

| 甲骨文 | 金文 | 小篆 | 楷书 |

"九曲黄河万里沙"，黄河的含沙量十倍、百倍于长江，在全世界的河流中含沙量名列前茅。甲骨文、金文和小篆的"河"字里都有"水"字，起了表意的作用。金文、小篆和楷书的"河"字里都有"可"字，用来表音。

江南春
jiāng nán chūn

[唐]杜牧

千里莺啼绿映红，
qiān lǐ yīng tí lù yìng hóng

水村山郭酒旗风。
shuǐ cūn shān guō jiǔ qí fēng

南朝四百八十寺，
nán cháo sì bǎi bā shí sì

多少楼台烟雨中。
duō shǎo lóu tái yān yǔ zhōng

杜牧，晚唐诗人。杜牧二十岁左右去参加科举考试，榜上有名，高中进士。比进士考试更难的是制科，制科由皇帝亲自主持，考试科目也由皇帝来定。杜牧在进士及第以后去考制科，结果也通过了，可谓少年得意。

杜牧写了很多非常好的七言绝句，《江南春》是其中的一首。

"千里莺啼绿映红"，千里江南，辽阔无边，黄莺在啼鸣，绿树映衬着红花。诗人以"千里"开篇，营造出了极为开阔的意境。莺啼声悦耳，树的绿与花的红悦目，动静相宜。江南春天的美好，在声音与颜色中呈现。

"水村山郭酒旗风"，临近水的村庄，靠近山的城郭，到处都是酒旗招展。酒旗，是挂在门上作为酒店标志的小旗。尘世的热闹，在招展的酒旗里铺展。

"南朝四百八十寺"一句由红尘万丈转到深幽佛寺。"四百八十寺"是虚指，并不是不多不少刚好四百八十座寺庙，这样写是为了突出寺庙很多。南朝时佛教盛行，皇帝好佛，在京城大建佛寺。"南朝"二字，由眼前的景物回溯到历史当中。"多少楼台烟雨中"，南朝的这些佛寺，都掩映在迷蒙的烟雨中。从南朝到唐朝，朝代在更替。南朝留下来的这些寺庙，在烟雨之中，唤起了一段历史的记忆。烟雨，是像烟一样的蒙蒙细雨。安静的寺庙，空蒙的烟雨，让人的心安静下来。

说说"郭"字：一座城的俯视图

| 甲骨文 | 金文 | 小篆 | 楷书 |

    郭，本义就是外层的城墙。甲骨文的"郭"字，是一座城的俯视图，中间的方形代表城墙，上下相对的是瞭望用的哨亭。到了金文，"郭"中间变成了两个圆圈的形状，可能是因为从那个时候开始，城池会多设一层外城墙。到了小篆，左边发生了一些变化，右边多加了一个"邑"字。

说说"八"字：分成两半

甲骨文　　　金文　　　小篆　　　楷书

　　"八"字最开始的意思是"分"。甲骨文和金文的"八"字，都是表示把一个东西从中间分成两半，有分开、分离、一半等意思。到了小篆，变成了两个人背对着分开的样子。"八"字作为"分"的意思后来消失了，被借来表示数字"八"。

89 湖阴先生的家

shū hú yīn xiān shēng bì
书 湖 阴 先 生 壁

[宋] 王安石

máo yán cháng sǎo jìng wú tái
茅 檐 长 扫 净 无 苔，

huā mù chéng qí shǒu zì zāi
花 木 成 畦 手 自 栽 。

yì shuǐ hù tián jiāng lǜ rào
一 水 护 田 将 绿 绕，

liǎng shān pái tà sòng qīng lái
两 山 排 闼 送 青 来 。

王安石从小聪慧，读书过目不忘，写文章时动笔如飞，思维敏捷。王安石二十二岁就考中了进士。他当了二十年的地方官，兴修水利，疏通河道，为老百姓做了很多好事。公元1070年，宋神宗任命王安石为宰相。王安石心怀壮志，力图变法，但他的变法遭到了保守派的反对，他两次被迫辞职。最后，他所制定的新法被一一废除。

王安石为人光明磊落，文如其人，他的诗文也是力求真实。学士钱公辅请王安石为他的母亲写铭文，钱公辅认为褒奖不够，请王安石修改。王安石回了一封信，说只能真实地写，不能更改文字。即使是给自己去世的哥哥常甫写墓志铭，他也不妄加赞美，只是纯从手足之情上来写，依然非常感人。

王安石晚年不再担任官职，隐居在金陵的蒋山，与山水诗文为友。《书湖阴先生壁》是他晚年所写下的。心境的变化，加上年龄渐渐大了，他写诗的风格也发生了变化。

"湖阴先生"名叫杨德逢，是王安石在金陵时经常来往的好友。王安石在湖阴先生的屋壁上题写了两首诗，这是其中的一首。"茅檐长扫净无苔"，因为湖阴先生常常打扫，所以茅屋檐下干净得不生青苔。"花木成畦手自栽"，经过修整的一块块田地上，花木都是湖阴先生亲手栽种的。畦，用土埂围起来的整齐田地。"一水护田将绿绕，两山排闼送青来。"闼，小门。排闼，开门。送青来，送来绿色。湖阴先生的庭院外，一条小溪环绕，好像护卫着田园；两座青山好像打开门来，为人们送来绿色。

从这首诗描写的景，我们可以看见景物后面的人。一、二句诗将我们带入湖阴先生洁净而又美丽的庭院，让我们感受到湖阴先生是一个勤于劳作、对生活充满热爱的人。湖阴先生隐居在幽静的茅屋里，淡泊名利，清净脱俗。三、四句诗转到了庭院外面。湖阴先生高洁的品质似乎也感染了他周围的事物，水护卫田园，山送来绿色，山水有情，都愿意和他交往。静态的景物，经过王安石拟人化的描写后，活动起来了，一水绕绿，两山送青，人与山水融合无间。

说说 "长" 字：长头发的老人

| 甲骨文 | 金文 | 小篆 | 楷书 | 简化字 |

　　"茅檐长扫净无苔"的"长"字，念"cháng"，它还有一个读音，念"zhǎng"，"长者"的"长"。长者，是年纪比较老的人。甲骨文的"长"字，是一个老人拄着拐杖的样子，他正迎着风在走，长长的头发被风吹得飘起来了。到了小篆，这个字发生了比较大的变化。发展到楷书时，我们已经完全看不到最开始造字的意思了。

说说"手"字：一只大手

金文　　　　　小篆　　　　　楷书

　　金文和小篆的"手"字，上面是五指，下面是手臂。楷书的样子，就不太像一只手了。

六年级

下册

90 长安城的寒食节

hán shí
寒 食

[唐] 韩翃

chūn chéng wú chù bù fēi huā
春 城 无 处 不 飞 花，

hán shí dōng fēng yù liǔ xié
寒 食 东 风 御 柳 斜。

rì mù hàn gōng chuán là zhú
日 暮 汉 宫 传 蜡 烛，

qīng yān sàn rù wǔ hóu jiā
轻 烟 散 入 五 侯 家。

传说寒食节起源于古代的钻木取火。钻木取火对于人类来说，是一件神奇、伟大的事情。我们可以想象人类第一次通过这样的方式获得火种的时候，该是多么兴奋！据说燧人氏是第一位发现钻木取火的人，"燧人"的意思正是"取火者"。"薪火相传""薪尽火传"这些成语的由来，都表现了人们对于火的珍惜。人们千方百计延续火种，让它燃烧下去。

　　古人在春天会把上一年传下来的火种全部熄灭，以免在气候干燥的时候引发火灾，而且此时春雷阵阵，也容易引起山火。新的火种还没有到，就禁止人们生火。在没有火的日子里，人们只能吃一些冷的食物，所以称为"寒食"节。

　　关于禁火的日期，也就是寒食节的节期，历来说法不一。一种是从冬至算起，冬至后第一百零五天或一百零六天为寒食，所以寒食节也叫"百五节""百六节"。另一种说法是把清明前两天作为寒食节。"寒食花开千树雪，清明火出万家烟。"唐代诗人韦庄的诗句描写了寒食禁火、清明取火的景象。唐代宫廷每到清明节，会让小孩子钻榆木取火，先得到火种的，皇帝要赐予绢三匹，银碗一只。

韩翃的《寒食》，描写的是长安城的寒食景象。

寒食时节已到暮春。"春城无处不飞花"，长安城里处处柳絮飞舞，花儿谢了，满地都是细碎的花瓣。"寒食东风御柳斜"，东风，吹在人脸上的清爽明净的风。东风吹拂着柳枝，柳枝轻轻摇摆。寒食节，人们会折柳枝插在门上，所以这一句把特写的镜头给了柳树。之所以特别提到柳树，还和下面诗句里的取火有关，古时候常常钻柳木或者榆木来取火。"斜"，我们今天念"xié"，但在古时候念"xiá"。这首诗押的韵是"a"，古时候叫作"麻"韵。"斜"，是押韵的尾字。

"日暮汉宫传蜡烛，轻烟散入五侯家。""日暮"二字将诗句转到了写夜晚的情景。用榆树或者柳树来钻木取出的火种，赐给亲近的大臣。火种难得，所以皇帝会赐予臣下火种以表示关怀。"轻烟散入"，让我们仿佛看到了袅袅飘散的轻烟，闻到了烛烟的气味，听到了送火种时的马蹄声。

这首诗押的是"a"韵。我们一起来发一下"a"这个音，这是个开口很大的音，发完这个音以后，我们会觉得特别的舒畅，身体里所有被压抑的东西，随着"a"的气流，仿佛被带了出来。《寒食》这首诗，有很多带鼻音的字。譬如"春城"的"城"，"东风"的"风"，"汉宫"的"宫"。读读这几个字，我们会感觉到气流是向内走的。 "a"，让气流呼出；鼻音的字，让气流吸入。这首诗里押韵的字和鼻音的字，在一呼一吸之间相互平衡，令这首诗韵味悠长。

说说"东"字：你喜欢哪种说法

| 甲骨文 | 金文 | 小篆 | 楷书 | 简化字 |

关于"东"字的起源，有好几种说法。小篆的"东"字，是"日"在"木"中，所以《说文解字》的作者许慎认为这个字表示太阳出来的东方，树木因此长得更加繁茂。也有人说，甲骨文和金文的"东"字，像一个两头都扎起来的口袋，里面装满了东西。还有人说，甲骨文和金文的"东"字，像是一个球茎，下面有根须，上面发出了嫩芽。植物的生长朝向日出的东方，光照的时间更长，生长得更好。

古老的文字，常常能够引发我们的想象。这几种说法都很有意思，你喜欢哪一种？

说说"暮"字：太阳落入草丛

| 甲骨文 | 金文 | 小篆 | 楷书 | 楷书 |

"莫"是"暮"的本字。甲骨文的"莫"像是"日"没入树丛中，金文和小篆的"暮"也是描绘了太阳落入草丛，表达的都是太阳落山、暮色降临的意思。到了楷书，为了书写方便，下面变成了"大"字。到后来，"莫"有了"不""不要"等否定的意思，就另造了一个字，在"莫"下加"日"组成"暮"，表示日落的时候。

91　分离的悲愁

tiáo tiáo qiān niú xīng
迢迢牵牛星

tiáo tiáo qiān niú xīng　　jiǎo jiǎo hé hàn nǚ
迢 迢 牵 牛 星 ，皎 皎 河 汉 女 。

xiān xiān zhuó sù shǒu　　zhá zhá nòng jī zhù
纤 纤 擢 素 手 ，札 札 弄 机 杼 。

zhōng rì bù chéng zhāng　　qì tì líng rú yǔ
终 日 不 成 章 ，泣 涕 零 如 雨 。

hé hàn qīng qiě qiǎn　　xiāng qù fù jǐ xǔ
河 汉 清 且 浅 ，相 去 复 几 许 。

yíng yíng yì shuǐ jiān　　mò mò bù dé yǔ
盈 盈 一 水 间 ，脉 脉 不 得 语 。

141

中国的诗教温柔敦厚、怨而不怒，无论是发表意见还是抒发感情，都是含蓄的。即使是激动的情绪，也不用淋漓尽致的方式来表达。《诗经》中的这种传统，在《古诗十九首》中得到了充分的继承。《古诗十九首》没有奇字奇句，却有着最为感人的力量。它用最质朴的诗句，书写内心深长的情感，特别能让我们感觉到中国古代温柔敦厚的诗教传统。

《迢迢牵牛星》来自《古诗十九首》，它借牵牛星和织女星来书写分离的悲愁，令人心绪低回不已。

仰望夏夜的天空，可以看到一条由繁星组成的光带，这就是银河，我国传统习惯叫作"天河"。天河之东，有星微微，为织女星。织女星和它旁边的四颗小星组成平行四边形，就像织女的织布梭子。牵牛星在天河之侧，与织女星遥遥相对，发出橙黄色光芒。牵牛星和它旁边的两颗小星构成牛郎的担子，象征牛郎用扁担担着的两个孩子。夜空的星象，成为牛郎织女传说的基础。

"迢迢牵牛星，皎皎河汉女。"迢迢，遥远的样子。

皎皎，明亮的样子。牵牛星和织女星在银河两岸遥遥相对。"纤纤擢素手，札札弄机杼。"纤纤，纤细的样子。素，洁白。札札，织布的声音。杼，织布机上的梭子。织女摆动着洁白的双手，不停地织布。"终日不成章，泣涕零如雨。"因为思念牛郎，织女一整天也没能织出一段布匹，她的眼泪如同雨水滴落。"盈盈一水间，脉脉不得语。"一水，指的是银河。脉脉，含情相看的样子。相隔在清浅银河两边的牵牛星和织女星，只能相视无言，痴痴凝望。

说说"牛"字：牛头的样子

甲骨文　　　金文　　　小篆　　　楷书

　　"迢迢牵牛星"的"牛"字，是个象形字。牛和其他野兽最大的区别是它的头部，所以古人用牛头的样子来造字。甲骨文的"牛"字，用简洁的线条表现出弯弯的牛角和牛的耳朵。金文和小篆的"牛"字，将甲骨文中表现牛耳朵的两条斜线变成了一条横线。到了楷书，就完全看不出牛头的样子了。

说说"女"字：端坐的女子

甲骨文　　　　金文　　　　小篆　　　　楷书

　　甲骨文的"女"字，可以清晰地看到头、手臂、身体、腿，还有脚，女子双手交叉，手放在腹部前面，端正地跪坐着。到了小篆，坐姿消失了。发展到楷书，就完全看不出女子端坐的样子了。

92 秋思

shí wǔ yè wàng yuè
十五夜望月

[唐] 王建

zhōng tíng dì bái shù qī yā
中庭地白树栖鸦，

lěng lù wú shēng shī guì huā
冷露无声湿桂花。

jīn yè yuè míng rén jìn wàng
今夜月明人尽望，

bù zhī qiū sī luò shuí jiā
不知秋思落谁家。

《十五夜望月》是王建以中秋月夜为内容的七绝。月光照在庭院的地上，雪白一片。树上栖息着鸦鹊。秋天清冷的露水，无声地打湿了桂花。今晚的月亮如此明亮，人们都在望向天上的满月，不知道秋日的情思落到了哪一家。

中秋佳节，诗人和朋友相聚，写下这首诗。"中庭地白树栖鸦"一句带读者进入赏月的环境。"地白"营造出清冷的氛围。"树栖鸦"，树上的鸦鹊栖息，写出了月夜的宁静。"冷露无声湿桂花"，桂花八月开放，芳香浓郁，笼罩庭院。此刻夜已深，寒意袭人。"今夜月明人尽望"，从这个庭院扩大到明月下的每一个庭院，从这一群赏月的人联想到天下的人都在望月、赏月。"不知秋思落谁家"，将读者带入绵密的思念之中。明月之下，有多少人在"举头望明月，低头思故乡"，又有多少人在家乡思念远走他乡的亲人。"落"字将抽象的思念化为生动的画面，仿佛秋思随着月光，洒落人间。

王建与张籍齐名，世称"张王"。两人同一年出生，有着深厚的友情，常常在一起写诗赠答。张籍也写过关于秋思的诗："洛阳城里见秋风，欲作家书意万重。复恐匆匆说不尽，行人临发又开封。"洛阳城里刮起了秋风，想写一封家书给亲人，只是思绪万千，不知从哪里说起。书信写成装入信封的时候，似乎觉得该讲的话都已经讲完了。当捎信的行人就要上路的时候，又被张籍叫住了。他打开信封再读读家信，看看是否遗漏了什么重要的内容。

说说 "庭" 字：开阔的场所

甲骨文　　金文　　小篆　　楷书

　　远古的年代，人们在低矮的洞穴里居住。部落中最高大的房屋，是大家聚集在一起讨论重要事情的地方。甲骨文的"庭"字，上面是房屋的形状，里面有表示"口"和"耳"的符号，合起来表达的意思是：在一间大房子里说和听。金文的"庭"字，斜线的部分表示台阶有很多层，人登上多层台阶进入了厅堂。小篆和楷书的"庭"字，用"廷"表音，用"广"来表意。庭院，是指开阔的场所。

说说"湿"字：丝被打湿了

甲骨文	金文	小篆	楷书	简化字

甲骨文的"湿"字，左边是"水"，右边是接连不断的丝，意思是水把丝给渗湿了。金文的"湿"字，左边仍是"水"，右边仍有"丝"，只是在"丝"的下面增加了"土"字，表示土地潮湿。现代将"溼"作为异体字并入了"湿"。

长歌行
cháng gē xíng

汉乐府

青青园中葵，朝露待日晞。
qīng qīng yuán zhōng kuí　　zhāo lù dài rì xī

阳春布德泽，万物生光辉。
yáng chūn bù dé zé　　wàn wù shēng guāng huī

常恐秋节至，焜黄华叶衰。
cháng kǒng qiū jié zhì　　kūn huáng huā yè shuāi

百川东到海，何时复西归？
bǎi chuān dōng dào hǎi　　hé shí fù xī guī

少壮不努力，老大徒伤悲！
shào zhuàng bù nǔ lì　　lǎo dà tú shāng bēi

汉帝国在武帝时期达到巅峰，成为当时世界上最强大的国家。因为祭祀、庆典都需要礼乐，所以国家成立了乐府官署，大量采集各地民间歌谣，加以修改，由文人作词、乐工配乐，以供朝廷祭祀、宴享时的用乐需要。因此"乐府"既是官署的名字，也指民间歌谣。武帝设立乐府官署，是继周代采诗以后，第二次在各地大量采集民歌，采集的地区遍及黄河、长江流域。

汉乐府有缠绵哀怨的江南水乡的诗歌，也有冰天雪地的北方边塞的诗歌；有中原本土的乐歌，也有外来输入的西凉、龟兹等地的胡乐；有祭祀祖先宗庙的颂歌、君臣宴飨时的雅乐，也有用于军队中的铙歌。乐府诗将民间歌谣进行转化，是结合了诗、乐、舞三种艺术的混合体。

《长歌行》属乐府诗中的平调曲，声音悠扬动听。"青青园中葵，朝露待日晞。" 晞，意为破晓，天亮。园中青青的葵菜，叶子上还有早晨的露水。太阳出来以后，露水就干了。"阳春布德泽，万物生光辉。"德泽，在诗中指大自然给予万物的恩惠。春阳普照大地，把光芒洒向四方，万物在阳光的照耀下努力生长，绽放出自己最美的光彩。"常恐秋节至，焜黄华叶衰。"秋节，就是秋季。焜，光明。焜黄，颜色变黄，形容草木凋零，变得枯黄。华，同"花"。常常会害怕秋天的到来，秋天一到，叶子就发黄枯萎，掉落下来。"百川东到海，何时复西归？"所有河水都向东汇入大海，没有河水会再倒流回来。"少壮不努力，老大徒伤悲！"老大，是年老的意思。徒，白白地。少年的时候不努力，老了以后就只有徒然悲伤叹息。

《长歌行》从"青青园中葵，朝露待日晞"说起，讲到芳华稍纵即逝，当及时奋勉努力，不要到了老年时才徒然伤悲。在朗读这首诗的时候，如果像古时候那样，加上音乐和动作，一定有更加催人奋发的力量。

说说"阳"字：阳光照射在山坡上

| 甲骨文 | 金文 | 小篆 | 楷书 | 简化字 |

　　甲骨文的"阳"字，左边的部分像山丘。太阳在草木之上升起来，温暖的阳光照在山坡上。

说说"万"字：它的本义是"蝎子"

甲骨文　　金文　　小篆　　楷书　　简化字

　　甲骨文和金文的"万"字，都是蝎子的样子，有两个"钳子"，有身子，还有尾巴。到了小篆和楷书，就看不出蝎子的形状了。"万"的本义竟然是蝎子，这是我们完全想不到的。后来它用来表示数字"万"，原来的意思就消失了。

马诗
mǎ shī

[唐] 李贺

大漠沙如雪，
dà mò shā rú xuě

燕山月似钩。
yān shān yuè sì gōu

何当金络脑，
hé dāng jīn luò nǎo

快走踏清秋。
kuài zǒu tà qīng qiū

安史之乱后的唐朝，社会仍然纷扰不安。李贺身处这个民生困苦的时代，虽然贵为宗室之后，仍然不免穷困潦倒。二十一岁，李贺赴长安应进士试。但有妒才的人，说李贺的父亲名叫李晋肃，"晋"与"进"同音，因此李贺不得举进士。古代有讲究避讳的传统，"讳"就是皇帝和父母的名字，他们的名字不能说，也不能写。尽管韩愈为他写了一篇文章来辩护，但李贺还是不敢触犯避讳，只有返回家乡，断送了一生功名，也熄灭了一生的梦想。因为在封建社会，所有的读书人都要经过科举考试才能有前途、有希望。这是李贺生命中的转折点。他的父亲在他十九岁的那一年去世，此后他担负起家庭的重担，支撑门户，生活非常艰难。

李贺终其一生贫穷无依，只有寄情于诗歌。他常常背着一个口袋，骑上毛驴去寻诗。想到一句好诗，就写下来放进口袋里。回到家中，再将囊中书写的诗句拿出来，把它整理成诗。为了写好一首诗，他常常"吟诗一夜东方白"。作诗勤奋的李贺，仿佛把心都要呕出来。眼见旧日好友纷纷登进士第，生活困窘的他心情更加抑郁，以致病魔缠身，年仅二十七岁就离开了这个世界。

李贺所写的《马诗》系列，在咏马、赞马中，慨叹的其实是自己的命运。这是其中的第五首。"大漠沙如雪，燕山月似钩。"苍茫大漠在月光的照耀下，好像铺上了霜雪。连绵的燕山山岭上，弯刀一样的明月挂在夜空。"何当金络脑，快走踏清秋。"金络脑，用黄金装饰的马笼头。踏，在这里有奔驰的意思。什么时候良马才能受到重用，能够披上威武的鞍具，在清秋的疆场上痛快奔跑，建功立业。李贺借马来抒发自己建立功勋的渴望。

李贺的生命虽然短暂，但他的诗歌开创了前人没有过的境界。李贺的诗想象丰富，表现新颖，他写诗时总是在追求完美，不愿意走庸俗的道路。他用诗歌唱出了属于自己的嘹亮声音。

说说 "马" 字：一匹马的样子

| 甲骨文 | 金文 | 小篆 | 楷书 | 简化字 |

甲骨文的 "马" 字，头、眼睛、嘴巴、身子、腿、蹄、鬃毛俱全，马头朝上，马尾朝下。金文的 "马" 字简单了一些，但仍然可以看到马的主要特征：大眼睛、长鬃毛、修长的尾巴。小篆的 "马" 字，从金文变化而来。楷书的 "马" 字，把马的四条腿变成了四点，让人难以看出马的样子了。

说说"燕"字：向上飞翔的燕子

甲骨文　　　　小篆　　　　楷书

　　"燕山月似钩"的"燕"读"yān"。燕山是连接南北交通的山脉，是兵家必争之地。"燕"字还有一个读音，念"yàn"，"燕子"的"燕"。甲骨文的"燕"字，像一只向上飞翔的燕子。小篆的"燕"字，把燕子的尾巴变成了"火"字。

95

清白一生

石灰吟
shí huī yín

[明] 于谦

千锤万凿出深山，
qiān chuí wàn záo chū shēn shān

烈火焚烧若等闲。
liè huǒ fén shāo ruò děng xián

粉骨碎身浑不怕，
fěn gǔ suì shēn hún bú pà

要留清白在人间。
yào liú qīng bái zài rén jiān

我们现在常用的成语"两袖清风"，来自于谦的诗——"清风两袖朝天去，免得闾阎话短长"。于谦觉得做人要清清白白，免得被百姓闲话短长。在于谦担任兵部尚书的时候，蒙古草原上瓦剌部落的首领也先，打到了北京城下，他们还挟持着在土木堡战役中俘虏的明英宗。于谦亲自带兵应战，抵挡正面的也先大军，并且下令开战后任何人不准畏缩撤退。北京军民同仇敌忾，顽强抵抗，也先的军队吃了好几个败仗，最后只好逃出关去。京城保卫战取得胜利之后，于谦又带领军队收复了关内的大片失地，立下了卓著的功勋。但是，明英宗后来竟然以"谋逆罪"诬杀了这位民族英雄。

于谦为人正直，性格刚烈，《石灰吟》是他一生的生动写照。于谦叙述了石灰的烧炼过程。"千锤万凿出深山，烈火焚烧若等闲。"千锤万凿，千万次的锤打、开凿。若，好像。等闲，平常。若等闲，好像是很平常的事情。石灰石的开采是很不容易的，要经过千万次的锤打和开凿，才能把石灰石从深山中开采出来。它把熊熊烈火对它的焚烧，当作是很平常的事。"烈火焚烧"和"千锤万凿"，有如生命中遇到的巨大挫折和挑战。面对这一切，于谦的态度是"若等闲"，从容不迫，视若等闲。"粉骨碎身浑不怕，要留清白在人间。" 浑，在这里是"完全"的意思。清白，是石灰的本色，也比喻高尚的节操。即使粉身碎骨，从石灰石变成了石灰粉也毫不惧怕，因为它要把清白留在人世间。"粉骨碎身"形象地描绘出石灰石变成石灰粉的过程。"浑不怕"，表现了于谦的无畏和勇敢。"要留清白在人间"，写出了于谦之所以能保持"若等闲"和"浑不怕"的生命态度，最深的动力来自要保有自己清白的一生。这是石灰的选择，也是于谦的选择。哪怕"千锤万凿"，哪怕"烈火焚烧"，终不悔。

说说"石"字：山崖边的石块

甲骨文　　　金文　　　小篆　　　楷书

　　甲骨文的"石"字，三角形的部分代表山崖，"口"
形的部分代表石块。到了金文，用"厂"代替了山崖的形状。

说说"千"字：人的足上画横线

甲骨文　　　　金文　　　　小篆　　　　楷书

　　"千"字最开始的样子是在人的足上画上短横线。远古的年代，人们用这种方式来计数，想表示"一千"就在人的足上加一横，"两千"就加两横，"三千"就加上三横。

96

把根深深扎进岩缝中

竹石

[清] 郑燮

咬定青山不放松,
立根原在破岩中。
千磨万击还坚劲,
任尔东西南北风。

郑燮，号板桥。他是一个真性情的人。在《寄弟》诗中，郑板桥直率地写道："学诗不成，去而学写。学写不成，去而学画。日卖百钱，以代耕稼。实救贫困，托名风雅。"郑板桥是"扬州八怪"的代表人物，他的诗、书、画都达到了很高的艺术水平，被称为"三绝"。"学诗不成""学写不成"是他的谦虚，也是他的风趣。他曾做过一段时间的县官，辞官后寄居扬州，以卖书画作品来谋生。他说，我卖画是为了填饱肚子，并不是为了表现风雅。他的作品也像他的生活一样，奔放自由，天真烂漫。

郑板桥喜欢画兰花、竹子和石头，因为兰花四时不谢，竹子百节长青，石头万古不败。郑板桥尤其擅长画竹。"四十年来画竹枝，日间挥写夜间思。冗繁削尽留清瘦，画到生时是熟时。"郑板桥四十年中一直在画竹，形成了自己独特的风格。

郑板桥曾画过一幅被风雨吹打的竹子。他看到竹子在风雨中的飘摇，就仿佛看到了老百姓在艰难生活中的无助，听到了他们的哀求之声。出身贫苦的郑板桥，了解老百姓的生活状况，对于劳苦民众充满了同情。

在画作《托根乱岩》上，郑板桥画的不是长在泥土里的竹，而是扎根于岩石中的竹，并题写了这首诗："咬定青山不放松，立根原在破岩中。千磨万击还坚劲，任尔东西南北风。"竹子像是紧紧地咬定了青山，一点都不放松。虽然生于破岩之中，环境恶劣，但也要努力抗争，顽强地把根深深扎进岩石的缝隙中。尽管经历了无数次的磨难和打击，竹子还是那样坚韧劲挺，不畏风来，也不怕雨淋，从容地立于青山之上。

说说"竹"字：竹叶下垂

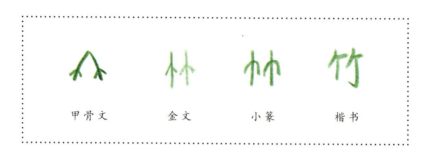

甲骨文　　　　金文　　　　小篆　　　　楷书

　　甲骨文和金文的"竹"字是两小枝竹叶下垂的样子，小篆和楷书的样子也由此发展而来。

说说"立"字：一个人站在地面上

甲骨文　　　金文　　　小篆　　　楷书

从甲骨文、金文、小篆到楷书，最下面都有一横，这一横代表的是站立的位置。甲骨文和金文的"立"字，非常形象，就是一个人站在地面上的样子。

97 用映衬的方法来写诗

采薇（节选）

昔我往矣，
杨柳依依。
今我来思，
雨雪霏霏。
行道迟迟，
载渴载饥。
我心伤悲，
莫知我哀！

《诗经》包括风、雅、颂三部分。风是各国流行的本地歌谣。雅是流行于中原一带，为周王朝所崇尚的正声。雅诗分为小雅和大雅。小雅是用于宴飨的乐诗，大雅是朝会的乐诗。

《采薇》来自《小雅》。《采薇》原诗很长，最开始写出征的战士心中悲苦，忧愁绵长，希望征战早日结束，能够回到家乡，然后转入写同仇敌忾的杀敌决心，最后写征人归来。征人的心情十分复杂，既想要保家卫国，又十分思念家乡。

"昔我往矣，杨柳依依。今我来思，雨雪霏霏。行道迟迟，载渴载饥。我心伤悲，莫知我哀！"这是《采薇》最后的几句诗。回想当初出征的时候，杨柳依依，随风飘拂。如今走在归家的路上，大雪纷纷，满天飞舞。道路泥泞难以行走，只能慢慢向前行，又渴又饿疲惫不堪。征人的心情是如此忧愁，没有人能够体会这绵延不绝的悲伤。

"昔我往矣，杨柳依依。今我来思，雨雪霏霏。"这几句以杨柳和雨雪说明一年中时间的变化。征人的情感何等的沉痛，而诗歌的语言又是多么优美。这四句诗，采用了映衬的手法来描写。前面两句，写的是从前离开家乡时的情景，那个春天，杨柳碧绿，家人依依不舍地前来送别；后两句诗，是如今返回故乡时的境况，正是雨雪纷飞的严寒冬天，一路劳顿的征人又渴又饿。前后两相比较，征人长时间在外面打仗的寂寞悲伤，就在两种相反的情境中表现出来。像这样把两种相反的情境列出来，两相比较，使表达的意思更加突出的写作方法，叫作映衬。

刘义庆在《世说新语》中写道，谢安趁子侄辈聚集在一起的时候问道："《诗经》里面哪一句最好？"谢玄称颂道："'昔我往矣，杨柳依依；今我来思，雨雪霏霏。'"《采薇》在这几句诗里所采用的映衬手法，增强了诗歌的表达力量。

《诗经》中映衬的写作手法，影响了后世的很多文学作品。杜甫的"朱门酒肉臭，路有冻死骨"就是其中之一。

说说 "采"字：用手采摘

甲骨文　　　金文　　　小篆　　　楷书

　　甲骨文的"采"字，是手在树上采摘的样子，有的说法是在表现采果子，有的说是在采叶芽。到了金文，果子或者叶芽的部分被省略掉了。

说说 "我" 字：锋利的兵器

| 甲骨文 | 金文 | 小篆 | 楷书 |

　　"我"字最开始的意思竟然是一种像锯齿的兵器。到了战国时代，这种兵器被更优良的兵器所取代，于是在汉唐以后"我"字就被借用为对自己的称呼，它原来的意思便不为人所知了。甲骨文的"我"字，是一种锋利的兵器。金文的左边，仍然可以看到锯齿状的部分，右边是"戈"形。

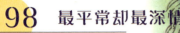

98 最平常却最深情

sòng yuán èr shǐ ān xī
送元二使安西

[唐] 王维

wèi chéng zhāo yǔ yì qīng chén
渭 城 朝 雨 浥 轻 尘 ，

kè shè qīng qīng liǔ sè xīn
客 舍 青 青 柳 色 新 。

quàn jūn gèng jìn yì bēi jiǔ
劝 君 更 尽 一 杯 酒 ，

xī chū yáng guān wú gù rén
西 出 阳 关 无 故 人 。

178

安西，是唐朝为统辖西域而设的安西都护府。元二奉命出使安西，王维在长安西北的渭城为他送别。

"渭城朝雨浥轻尘，客舍青青柳色新。" 朝雨，早晨下的雨。这场雨，下得不大，时间也不长，让平时因车马奔驰而尘土飞扬的大道变得洁净起来。浥，是湿的意思。王维送别朋友元二，是在一个春天的早晨。早晨下过一阵雨，空气湿润清新。下雨的时间不长，刚刚打湿地面就停了。客栈旁边的柳树，平时因为沾上尘土显得灰蒙蒙的，这个时候被雨水清洗过了，露出了它本来的青翠颜色。这一切，让离别的忧伤仿佛也减轻了一些。

"劝君更尽一杯酒，西出阳关无故人。"王维对元二说："我劝你再干了这一杯酒啊，因为你向西北走去，出了阳关以后，就再也见不到老朋友了。"阳关在河西走廊的尽头，是内地通往西域的通道，所有出塞的人必定经过这里。阳关以西是漫漫黄沙的大漠，万里的跋涉之中，就只有独行的艰辛与寂寞了。"西出阳关无故人"里，是依恋不舍，是对远行者的牵挂，是前路多多珍重的深深祝福。

这首送别诗后来被编入乐府，称为《阳关曲》或《渭城曲》。它之所以能被广为吟唱，是因为最平常的送别场景里，有着最深挚的情感。写人之常情，最容易引发人的共鸣，让人感动。

说说"朝"字：太阳刚刚升起

| 甲骨文 | 金文 | 小篆 | 楷书 |

甲骨文的"朝"字，表示清早太阳从草丛中升起来，残月还挂在天空的景象。金文的"朝"字，右边有河岸，也有河中奔流的潮水，潮水早晨涨起傍晚退下，所以，"朝"也是上古时代的"潮"字。到了小篆，左边发生了变化，右边变成了上面是人，下面是一叶扁舟，已经看不出原来的意思了。到了楷书，把右边变成了"月"字。

说说"雨"字：雨点落下来

甲骨文　　　金文　　　小篆　　　楷书

　　甲骨文的"雨"字，最上面的部分好像是天空。雨，来自高空的云层。天空上落下三列小点，是天上降雨时雨点连绵的样子。金文的"雨"字，中间的一竖行雨点，连成了一竖。到了小篆，在字的最上面又加上了一横。

春夜喜雨
chūn yè xǐ yǔ

[唐] 杜甫

好雨知时节，当春乃发生。
hǎo yǔ zhī shí jié　dāng chūn nǎi fā shēng

随风潜入夜，润物细无声。
suí fēng qián rù yè　rùn wù xì wú shēng

野径云俱黑，江船火独明。
yě jìng yún jù hēi　jiāng chuán huǒ dú míng

晓看红湿处，花重锦官城。
xiǎo kàn hóng shī chù　huā zhòng jǐn guān chéng

春回大地，人们开始了在田地里的耕种。"微雨众卉新，一雷惊蛰始。田家几日闲，耕种从此起。"诗人韦应物说，春天的微雨让所有花儿都焕然一新。春雷震响，蛰伏在地里的虫子被惊醒了。农家还没有享受几天悠闲的日子，春耕就开始了。

我们是一个在土地上耕种了几千年的民族，所以我们常常期待着风调雨顺。风调雨顺，意味着自然的秩序没有被破坏。风，在该来的时候就来了；雨，在该来的时候也来了。雨水让泥土变得柔软，种子才有发芽的可能。现代的马路、塑胶的操场，隔断了我们和泥土之间的联系，我们对于泥土的感觉慢慢变得陌生。所以，我们对土地对于雨水的需要也没有特别深的体验。

《春夜喜雨》是杜甫居住在成都草堂这一时期所写下的。锦官城，就是成都。在这段相对平静的岁月里，杜甫去江畔独步寻花，或者在春天的夜晚听雨的声音。"好雨知时节，当春乃发生。"知，懂得、知道。发生，萌发生长。这个词和我们现在的意思不一样。万物渴望雨水的心思，雨好像读懂了，它在万物萌发生长的春天，下起来了。"好雨知时节"的"好"字，与诗题中的"喜"字呼应，直接表达了诗人对于春雨的赞美。"知"字，将雨水拟人化了。"随风潜入夜，润物细无声。"在安静的夜晚，雨随着春天和煦的风悄悄地下，无声地滋润着万物。这场细细的雨，似乎不愿惊扰到在田地里劳作了一天的人们。"野径云俱黑，江船火独明。"径，小路。野径，田野间的小路。俱，全、都。下雨的夜晚，看不清田间的小路，也看不清天空黑沉沉的云，在天空和大地拉下的黑色幕布上，唯一亮着的，是渔船上的灯火。"晓看红湿处，花重锦官城。"晓，天刚刚亮的时候。等到明天清晨再去看看吧，雨水滋润过的花朵颜色鲜艳，洁净而美丽。锦官城成了花的城。一朵一朵沾满了雨水的花，沉沉低下头来，仿佛还在回味着春夜的这场雨。这是花朵与大地的喜悦和欢乐，也是诗人的喜悦和欢乐。

说说 "好" 字：抱着孩子的母亲

| 甲骨文 | 金文 | 小篆 | 楷书 |

甲骨文的 "好" 字像是一位抱着孩子的母亲。母亲关爱着孩子，拥抱着孩子，多么美好。金文的 "好" 字中，母亲端坐的姿势发生了变化，孩子亲近母亲，挨着母亲站。为了符合小篆竖长方形的特点，小篆 "好" 字的 "女" 和 "子" 都变得更加瘦长了。

说说 "重" 字：驮着重重包裹的人

甲骨文　　　金文　　　小篆　　　楷书

　　甲骨文和金文的"重"字，表示人背负着很重的东西。"重"的本义是沉重。

早春呈水部张十八员外

[唐]韩愈

天街小雨润如酥，
草色遥看近却无。
最是一年春好处，
绝胜烟柳满皇都。

这首诗是韩愈写给朋友的。

呈，恭敬地送给。"水部张十八员外"指的是张籍。张籍此时任水部员外郎，他在兄弟中排行第十八，所以叫"张十八"。韩愈邀他去看看春天的景色，张籍说自己年纪大了，事情太多，推辞了韩愈的邀请。于是韩愈写了两首赞美早春景色的诗给张籍，期待和他一同去游览。这是其中的一首。

"天街小雨润如酥，草色遥看近却无。"天街，京城的街道。京城的街道上空，小雨下起来了，像酥油一样滋润，初春的淡雅氛围如帷幕轻轻拉开。远远看去，草色青青，近看时却显得稀稀疏疏，表现出草色之淡。如酥小雨让天街仿佛笼罩在云烟之中，云烟中有一抹青青之痕，那是初春的草芽。

"最是一年春好处，绝胜烟柳满皇都。"绝胜，远远胜过。皇都，这里指长安。这是一年中最好的季节，远远胜过绿柳满京城的时候。

诗歌呈现出两个画面，一是初春时节的如酥小雨里，诗人遥看与近观春草；一是春到深处，烟柳茂盛的景象。两个画面其实都很美，"最是""绝胜"却让美的天平的一端高高翘起，那就是早春的景色远远胜过暮春时节。

说说 "绝"字：把线剪断

金文　　　　小篆　　　　楷书　　　　简化字

　　金文的"绝"字表现的是织布机上织的线被刀剪断了，表示"断绝"的意思。小篆的"绝"字，左边是"丝"，右边为"色"。楷书繁体字由小篆发展而来。

说说"皇"字：华美的冠冕

| 金文 | 小篆 | 楷书 |

"皇"字的上面好像美丽的玉石，用来作为冠冕的装饰品，下面的"王"字，表示这是王者所戴的冠冕。"皇"的本义是冠冕，引申为帝王。

jiāng shàng yú zhě
江上渔者

［宋］范仲淹

jiāng shàng wǎng lái rén
江上往来人，

dàn ài lú yú měi
但爱鲈鱼美。

jūn kàn yí yè zhōu
君看一叶舟，

chū mò fēng bō lǐ
出没风波里。

"先天下之忧而忧，后天下之乐而乐"，来自范仲淹《岳阳楼记》中的这句话，给予无数人巨大影响。范仲淹是军事家，曾经去西北抗击西夏。他也是著名的政治家和文学家。

　　范仲淹两岁的时候，他的父亲就去世了。十多岁的时候，他借住到一座庙里，刻苦读书。他每天只吃两餐粥，再配上几根咸菜。粥是每天早上烧好的，等粥冷了，分成四块，早上和晚上各吃两块。后来，他考中了进士，开始做官。范仲淹镇守陕西几年，防守严密，西夏军队不敢轻易侵犯，都说范仲淹"腹中自有百万甲兵"。范仲淹从陕西回到京城后，担任副宰相，大胆提出了十项改革的举措。他首先整顿的是官吏制度。范仲淹派出监察官到全国各地视察，然后根据他们的报告，把各地不称职的官员进行撤换。有一次，一个大臣看到范仲淹在登记簿上勾掉那些官员的名字，有些不忍心，说："勾掉一个名字，哭的是一家人啊。"范仲淹说："一家哭，总比老百姓一路哭好啊！"

范仲淹心中总是装着百姓，同情着百姓的疾苦。《江上渔者》这首诗，也表现了范仲淹对劳动者的深切同情。"江上往来人，但爱鲈鱼美。君看一叶舟，出没风波里。"江上来来往往的人，喜爱的是鲈鱼的鲜美。你看那些捕鱼的人驾着一叶小舟，在风浪里漂荡出没。

人们感受到的是餐桌上鲈鱼的鲜美滋味，感受不到的是为了一尾鲈鱼，捕鱼者的辛苦和艰险。范仲淹能够从鲈鱼看到鲈鱼背后的捕鱼人，源于他童年时家境的贫困和他在贫困中的刻苦崛起，源于他对普通百姓的悲悯，更源于他"先天下之忧而忧，后天下之乐而乐"的胸襟和抱负。

说说"爱"字：牵挂的心

| 金文 | 小篆 | 楷书 | 简化字 |

　　金文的"爱"字，在人的胸部有一颗心的形状。小篆的"爱"字，在最下面加上了一只向下的足。脚趾朝下，表示行动。加上的这只足表示爱不仅仅体现在一颗牵挂的心，更要化为行动。

说说"美"字：头戴鸟羽来跳舞

| 甲骨文 | 金文 | 小篆 | 楷书 |

甲骨文和金文的"美"字，是一个头上戴着鸟羽作为装饰品、跳起舞来的一个人，表现出美的形象和美好的生命状态。到了小篆，上面的部分变成了"羊"字。

102 数重山后的钟山

bó chuán guā zhōu
泊船瓜洲

[宋] 王安石

jīng kǒu guā zhōu yì shuǐ jiān
京口瓜洲一水间，

zhōng shān zhǐ gé shù chóng shān
钟山只隔数重山。

chūn fēng yòu lù jiāng nán àn
春风又绿江南岸，

míng yuè hé shí zhào wǒ huán
明月何时照我还。

要理解这首诗，可以先画一幅图。图上有京口、瓜洲、钟山，还有一条河。

京口，是一座城的名称，它所在的位置是今天的江苏镇江市。瓜洲，是一个镇，在长江的北岸。一水，就是一条河。这首诗中的"一水"，说的是长江。钟山，是现在的南京市紫金山。

在长江的北岸，是瓜洲。"京口瓜洲一水间"，京口和瓜洲之间隔着一条江。那么，京口应该标记在瓜洲的对面。"钟山只隔数重山"，钟山也只隔着几座山。从诗题《泊船瓜洲》可以知道船停泊在瓜洲，王安石在瓜洲望向南岸的京口，他知道在一座又一座山的后面，就是钟山。

钟山与王安石有着怎样的关联？王安石十六岁的时候，随父亲定居江宁，也就是现在的南京。他第一次担任宰相后就住在江宁钟山。数重山的阻隔，加上当时交通并不便利，钟山离瓜洲其实是很远的。可是在王安石的笔下，却化为了"只隔"两个字。心理上对钟山的亲近，化解了数重山的阻隔，仿佛钟山就在很近的地方。

"春风又绿江南岸"，春风的吹拂里，江岸一片新绿。传说王安石最初写的是"春风又到江南岸"，接着改为"春风又过江南岸""春风又入江南岸""春风又满江南岸"，经过十几次修改之后，才定为"春风又绿江南岸"。一个"绿"字，让绿草铺展的江岸，仿佛就在眼前。

　　"明月何时照我还"，明月何时才能照着我回到钟山下的家里呢？要了解王安石对钟山的依恋，还得了解他是在什么时候写下这首诗的。关于这首诗的写作时间，有人认为是王安石从江宁府赴京城任翰林学士途经瓜洲的时候写的。"明月何时照我还"里，有远赴京城不知道什么时候才能回来的不舍与牵挂。有人认为这首诗是王安石第一次担任宰相的时候，从京城回到江宁，途经瓜洲时所作。那么"明月何时照我还"里，就有了回家的急切。还有人认为，这首诗是王安石第二次担任宰相，从江宁赴京城，途经瓜洲时所写。"明月何时照我还"里，是推行新法屡次受到阻挠的王安石，对于家乡的深情依恋。

说说"瓜"字：大瓜结在蔓上

金文　　　　小篆　　　　楷书

　　金文的"瓜"字，中间的大瓜像结在蔓上，又像挂在叶子上。瓜在中国已经存在很久了。在石器时代的村落河姆渡，人们发现了冬瓜的种子，还发现很多陶器也是冬瓜的形状。小篆的"瓜"字中的"瓜"变小了，但仍有瓜形。向右下方伸展的一笔，好像是瓜须。楷书与金文、小篆一脉相承，但已经看不出瓜的样子了。

说说"间"字：两扇门间看月亮

金文　　　　小篆　　　　楷书　　　　简化字

金文的"间"字，下面是两扇门，上面是月亮。从两扇门的间隙中，可以看到天上的明月。小篆的"间"字，月亮移到了门的里面。

游园不值

[宋] 叶绍翁

应怜屐齿印苍苔，

小扣柴扉久不开。

春色满园关不住，

一枝红杏出墙来。

杏花，花瓣红色或白色，在春风中开放。很多诗歌中都有杏花的身影：吴融的"一枝红杏出墙头，墙外行人正独愁"，陆游的"小楼一夜听春雨，深巷明朝卖杏花"，陈与义的"客子光阴书卷里，杏花消息雨声中"。

叶绍翁的《游园不值》也写到了杏花。游园不值，想去游园但是没有能够进去。值，遇到。不值，没有得到机会。这个词和我们现在的意思不一样。"应怜屐齿印苍苔"，也许是园子的主人爱惜青苔，担心诗人的木屐踩坏了它。怜，指怜惜，这个字包含了园子主人的惜春之心。青苔遍地，写出了园子的清冷、寂寞。"小扣柴扉久不开"，诗人轻轻地敲了柴门好久，都没有人来开门应答。小扣，轻轻地敲门。"久不开"里，有游园不值的遗憾。"春色满园关不住"，满园的春色是无法关住的。第三句这一转折，让人的心情愉悦起来。"一枝红杏出墙来"，一枝盛开的红杏，正探出墙来。一枝杏花，带来的是春色满园的信息。一树繁花，冲破了一园冷寂，给诗人带来惊喜。"关不住"和"出墙来"形成强烈对比，给人留下了深刻的印象。

从满心欢喜去探春，到柴门久叩不开的惆怅，再到看见一枝红杏出墙来的意外收获，《游园不值》用短短几十个字，写出了故事的丰富。关不住的春天里，涌动着无穷的生命力量。

说说"不"字：花萼的样子

甲骨文　　　金文　　　小篆　　　楷书

　　甲骨文的"不"字，是花萼的样子。上面像杯子的部分是子房；下面的部分，中间是花梗，两边是花托。金文的变化不大。到了小篆，子房变圆了，花托向下垂。到了楷书，花托变成了一撇和一捺。"不"字本来的意思是花萼，这个意思现在已经完全消失了。"不"字现在用来表达否定和"没有"的意思。

说说"印"字：自上而下按压

甲骨文　　　金文　　　小篆　　　楷书

    甲骨文的"印"字，是一个人跪坐在地上，一只手在这个人的上面，表示自上而下按压的意思。金文的变化不大。到了小篆，手移到了人的正上方。通过按压来做出记号、印记等，都被称为"印"。